珍奇美葉植物
Bizarre Leaves
アガベ・アロエ・ソテツ
名品図録

監修　Shabomaniac!

日本文芸社

グアダラハラナ
Agave guadalajarana
Jalisco, Mexico

スカイブルーの葉はギザギザしていて、
ロゼットはキャベツのようにボール状に
なる。この美しさを栽培下でもぜひ再現
してみたい。

Photo Jeremy Spath

"Bizarre leaves"

Bizarre Leaves（ビザールリーヴス）… 数ある植物たちのなかで「葉」の魅力がひときわ輝く彼ら彼女らのことをそう呼んでみました。「葉」とは植物にとって光合成を通じて生きるためのエネルギーを獲得する生産の場であり、同時に蒸散や呼吸を通じて大気と交わる器官でもあります。植物の本体は「葉」と、土と交わり水と水分を吸い上げる「根」、そしてその両者を結ぶ道である「幹（茎）」から成りたっているわけですが、なかでも「葉」の多様な形態は、人が向き合い、眺めるときの植物の顔そのものです。そうした意味で数多くの"観葉植物"が、ライフスタイルプランツとして親しまれてきたことも頷けます。そして、これまで"観葉"ジャンルでは、しなやかさや華やかな色彩などが好まれてきましたが、昨今ではより個性を求める人たちが増えて、園芸店にならぶ植物のラインアップも変わってきています。いかつかったり、荒々しかったり、不思議な形をした植物たちが、新顔として幅をきかせるようになってきました。

本書では、そんな新しい時代の"観葉植物"として、「アガベ」「アロエ」「ソテツ」という、特異な葉をもつ3つのグループに注目して、そのフォルムや質感、色彩の魅力を紹介します。この3つの植物群は生育環境に重なり合うところがあって、魅力的な種の大半が砂礫の平原や、灼けつく岩場などに生育しています。他の多くの植物が生きられない場所で、強い日射と乾燥に耐えぬくために、その葉は特異な姿へと進化してきました。肥厚して水分を蓄えたり、太陽光をはね返す輝く色彩を獲得したり、あるいはまた捕食動物が恐れをなす強靱な刺で武装するなど、様々な生存戦略を獲得したのです。そのフォルムや色彩は園芸家に備わっている、ある種の同じ感性を刺激します。それゆえ「アガベとアロエ」、「アガベとソテツ」あるいは「アガベ・アロエ・ソテツ」を一緒に楽しんでいるコレクターは少なくありません。本書の作成に協力してくれた国内外の園芸家にも、そんな人が多数おられます。

そんな「アガベ」、「アロエ」そして「ソテツ」ですが、実はそれぞれで本が何冊も書けるような多種多様な植物群でもあり、種の数も膨大です。海外では専門書も多数出版されています。しかし国内では長年"多肉植物"カテゴリーにおさめられ、その一端を担う形で紹介されることが多く、特化した本はほとんどありませんでした。本書では各グループの代表的なものを紹介し、3つのうちいずれかを楽しむひとにとって、まずは今までなかった日本語の図鑑として役立てて貰えたらと思っています。

かくいう私自身も、この3グループを半生にわたり集め育ててきました。葉が面白い植物は数多くあるけれど、エケベリアやリトープスを楽しむ感性とはどこか違う、同じようなスイッチが入るのが「アガベ」であり、「アロエ」「ソテツ」なのです。自由と野生への憧れを掻き立てるようなその姿をまえにすると、単車に跨がって遠くまで走り出す瞬間や、誰もいない荒野でたき火に炙られるときの気持ちを思い起こします。おかしな説明ですが、彼らを手元で育てている人にはもしかしたら分かってもらえるんじゃないかなと思います。

今回、日本文芸社さんから人気のアガベの本が作れないか、と提案があったとき、ぱっと閃いたのは、だったらアロエとソテツも一緒に紹介したいなということでした。これらのひとつを楽しんでいるひとは、きっと残るふたつも好きになってくれる、そんな想像です。似ているようで違う、違うようで似ている、孤独を誇れる自由な植物。そんな「アガベ」「アロエ」「ソテツ」。それぞれを行ったり来たり見比べながら、そしてボーダレスに、こころのなかの荒野の風景を楽しんで貰えたら幸いです。

ROSETTE 造形

Agave ovatifolia

Agave parryi

TEETH 鋸歯

Agave bovicornuta

Agave 'Marshmallow Cream'

VARIEGATION 色彩

Agave 'Snow Glow'

LEAF IMPRINTING 紋様

Agave montana

MUTATION 変異

Agave 'Cubic'

HYBRID ハイブリッド

Mangave 'Purplicious'

BREEDING 育種

ALOE

various Aloe hybrid

Aloe dhufarensis
Pottery:Kota Nishiyama

Aloe erinacea

Aloe castilloniae

STAGING 盆景

HABITAT 自生地

Cycas revoluta
Yambaru National Park, Okinawa

Macrozamia riedlei
Western Australia

CYCAD

CONTENTS ———————— アガベ・アロエ・ソテツ名品図録

アロイアンペロス属

アロエストレラ属

アロイデンドロン属

アリスタロエ属

ゴニアロエ属

クマラ属

Chapter 3 ソテツ
Cycad
(Cycadaceae/Stangeriaceae/Zamiaceae)

サイカス属（ソテツ属）

ボウエニア属

スタンゲリア属

ケラトザミア属

ディオーン属

エンケファラルトス属

レピドザミア属

マクロザミア属

ザミア属

【本書の見方】

アルボピロサ→ 日本での呼ばれ方（日本語名）

Agave albopilosa → 学名（属名＋種小名）

Huasteca, Mexico → 分布地（自生地写真では撮影地）

多数の細い葉が密なロゼットをつくる小型種。最大の特徴は葉先の刺の直下の組織が風化し、白い毛のような繊維の束を生じることで・・・

→ 解説（特徴や自生地の環境、栽培法など）

【写真】

本書では多数の貴重な写真を栽培家や専門業者の皆さんからご提供戴きました。そうした写真には、一部を除いて撮影者（提供者）のお名前が記載されています。なお巻末にも取材に協力いただいた方、写真を提供戴いた方の情報が記載されています。

【分類・同定】

植物の分類は日々更新されています。本書の学名記載は、International Organization for Succulent Plant Study（IOS）及び KEWGARDEN の分類に準拠していますが、園芸界の定説や専門家の最新の知見もとりこみながら、植物によっては複数の観点をあわせて提示しました。また、園芸植物のなかには、学名との照応や特徴の定義に諸説あるものが含まれています。栽培家の標本では正確な同定が難しいものもありますが、本書では栽培者の見解を尊重しつつ、自生地や入手時の情報などを総合して、出来るだけ正確な記載をめざしました。

Chapter 1

アガベ

Agave and It's relatives

オバティフォリア
Agave ovatifolia
Nuevo León, Mexico
メキシコ北東部の深山にひっそりと佇む。
重心の低いふくよかなロゼットは、睡蓮の
花を思い起こさせる。

Photo: Jeremy Spath

AGAVE/ アガベ　竜の炎に炙られて

竜舌蘭、とはよく名づけたものだ。長く、分厚く、うねる葉は、幹が立ち上がらないために、地面から直接生えたように見える。その姿は、ドラゴンが炎を吐くときにちらりとのぞく舌そのものだ。竜舌蘭は代表種アメリカーナの日本名であるとともに、アガベ属の総称でもある。この植物群をアガベと名づけたのは分類学の父と言われるリンネ（Carl von Linné）で、ギリシャ神話のテーベの女王であったアガウェ（Ａｇａｕｅ）から着想を得た。そこには輝かしい、高貴な、といった意味が込められている。

アガベ属は被子植物のなかで、単子葉類に分類される多年生植物だ。芽生えの葉が双葉でなく単葉である仲間で、イネやヤシなども同じ単子葉類である。アガベはそのなかでキジカクシ科（Asparagaceae）の傘下にあり、280種あまりが認められている。ちなみにキジカクシはアスパラガスの仲間で、このキジカクシ科のなかにはアガベ属のほか、ユッカ属（Yucca）やヒヤシンス属（Hyacinthus）など約120の属が含まれている。さらに上位のカテゴリーであるキジカクシ目（Asparagales）には、アロエを含むツルボラン科（Asphodelaceae）も含まれており、アガベとアロエも近しい間柄と言える。

アガベ属の分類は近年変転を続けているが、その背景として、アガベとその近縁の植物群は進化の歴史が浅く、多様化が進んだのがここ数百万年の間であって、現在も適応放散の途上にあることが指摘されている。近年は、別属だったマンフレダ属（Manfreda）、ポリアンテス属（Polianthes）などもアガベ属に組み込まれているが、後者などはアガベと言われても首をかしげる人が多いかもしれない。

アガベの大半は多肉植物で、主に乾燥地の環境に適応している。自生地は南北アメリカ大陸で、特にアメリカ合衆国南西部からメキシコにかけて集中的に分布している。垂直分布は海岸から標高3000m近い高地までと幅広い。水分をストックできる肉厚で刺のある葉をロゼット状に配置するが、同じように多肉葉で刺を持つロゼット植物のアロエとは直感的に区別できる。それはアガベの葉がもつ独特の質感による。アロエの葉は比較的柔軟でヒトの手でも引きちぎることが出来るが、アガベはそうはいかない。強靭な繊維を内包しているからで、ぱっと見た印象もハードで重量感がある。この圧倒的な"いかつさ"こそが、アガベの最大の魅力だろう。小さいものは手のひらサイズだが、大きなものはロゼットの径が4mにも及ぶ。葉は周縁にノコギリの刃のように刺（鋸歯…teeth）がならび、鋭くとがる葉の尖端の刺はトップスパイン（top spines）と呼ばれる。刺の色や形は実に様々で個性的だ。また一部の種では、葉が展開する前に圧着されていたときの痕が葉面に残り、マーキング、リーフインプリンティング（leaf imprinting）

などと呼ばれる。白いペンキ状の模様が入る種もあり、これも観賞上のポイントになっている。もうひとつ、アガベは斑入りが生じやすいため、ほとんどの種に美しい覆輪斑や中斑入りの選抜個体があり、コレクションの対象になっている。花は、ロゼットの中心から長い花茎を天に向かって伸ばして鈴なりに咲く。大型種では、花茎の高さが10mを超えることも珍しくない。これには大きなエネルギーを要するため、開花するのは基本的に生涯に一度だけ、咲いたあと本体のロゼットは枯死する。長い年月を生きて一度だけ開花することから、100年に一度咲く世紀の植物（Century plant）とも呼ばれている。

アガベはヒトの関わりが深く、まずは強靭な繊維がロープや織物に利用されている。また、メキシコでは様々な形で酒の原料にされてきた。その代表的なものがテキーラ（Tequila）で、アガベの茎の部分が多量に含むデンプンをもとに醸造する。原料になる種（Agave tequilana）は畑で大量に栽培されている。最近では甘味料としてアガベシロップも人気がある。こうした実用とは別に景観植物としても歴史は古く、大航海時代の16世紀には地中海の各地で広く栽培されるようになり、現在ではなかば帰化している。最近は日本でもドライガーデンの主役として注目されている。

大半の種は鉢植え栽培にも適していて、サボテンなどと同様に水はけのよい土と、陽あたりの良い環境を好む。春から秋にかけては十分灌水するが、繊細な種は夏場ロゼットに水が滞留すると傷むことがある。冬越しは凍らせなければ大半の種は問題ない。根がよく伸び小さい鉢ではすぐに根詰まりするので、2〜3年に一度は植え替えが必要になる。古い根を取り除く際には、根鉢に隠れている新根を傷めないように注意したい。新根を損なうと下葉が枯れあがりやすくなる。繁殖は種子を蒔く（実生）か株分けになるが、開花が稀なので、種子を得るのは容易ではない。株分けは、子吹きしやすい種では問題ないが、そうでない種は「胴切」「縦割」などの方法で人為的に成長点を止めて子吹きを促す。

流通するアガベのほとんどはこうした繁殖によるものなのだが、昨今はチタノタやユタエンシス（エボリスピナ）などの人気種で、自生地の野生個体を採取したものも売られている。アガベはごく一部をのぞいてワシントン条約の対象になっていないため、守る方法がないというのが現状だが、昨今の世界的な人気が山採りに拍車をかけると、開発などによる自生地破壊に加えて、種の存続はますます危ぶまれる事態になるだろう。法規制が出来たときには時すでに遅し、というのが環境保全の"あるある"だが、アガベを愛するひとたちの想像力が、彼らの故郷を守るアクションに繋がっていくことを願う。

チタノタ
Agave titanota

岩場にとりつくチタノタ。メキシコ・
オアハカ州のタイプロカリティにて。

©Photo Jeremy Spath

©Photo Jeremy Spath

パリー・トルンカータ
Agave parryi var.truncata
Zacatecas,Mexico
完璧なフォルムのロゼット。
滑らかな白磁のような肌が美しい。

ペローナ

Agave pelona

Sonora,Mexico

鋭い剣の尖端に向けて赤く染まる
グラデーション。この場所は車で
はたどりつけない山岳地帯にあり、
この美しさに対面したアガベファ
ンは極く少ない。

Photo Jeremy Spath

モンタナ
Agave montana (flowering)
Tamaulipas, Mexico
標高 3000m 付近の涼しい
風がふく樹林帯。太くマッ
シブな花筒を突き上げるモ
ンタナ

Photo Jeremy Spath

アルボピロサ
Agave albopilosa

メキシコ・ヌエボレオン州の渓谷で、垂直な崖にしがみつくように生える。急峻でアクセス困難な場所にのみ生えているため、この特徴的なアガベは今世紀まで発見されなかった。

Photo Jeremy Spath

フィリフェラ / シジゲラ
Agave filifera/schidigera
Northern Mexico

スマートなロゼットを葉面の白いペンキとフィラメントが飾る。広範囲に分布してタイプ差が大きい。

アテヌアータ・
ブルーフォーム
Agave attenuata "Blue form"
Michoacan, Mexico
崖にとりつくように生える野生の
アテヌアータ。花穂が首を垂れ
るのは本種の特徴だ。

Photo Jeremy Spath

Photo=Jeremy Spath

エボリスピナ
Agave utahensis var. *eborispina*
Nevada USA
エボリの名にふさわしい象牙白色の刺。
長くうねった切先は、陽炎と呼ぶのも憚
られるほどの凄まじさだ。

Photo Shabomniac!

ユタエンシス・ネヴァデンシス
(青磁炉)
Agave utahensis var. *nevadensis*
Nevada, USA
ネヴァデンシスはエボリより南に
分布している。ただ、コロニーは連なっ
ているので境界をひくのは難しい。

笹吹雪
Agave nickelsiae
Coahuila Mexico
ライムストンの丘陵が笹吹雪の自生地。
レチュグィラ（*lechuguilla*）やアスペリ
マ（*asperrima*）とともに生えていて、
自然交雑種も見られる。

Photo　Jeremy Spath

笹の雪
Agave victoriae-reginae
Nuevo Leon Mexico
岩の割れ目に嵌りこむように根を
下ろして生きる笹の雪。こうした
自生環境を知ることに栽培のヒン
トがある。

Photo　Jeremy Spath

20

セバスチャナ
Agave sebastiana
Isla Cedros, Baja Mexico

バハカリフォルニアの島に分布するアガベ。群青の海にミントグリーンの葉が鮮やかに映える。

Photo Jeremy Spath

A.applanata

メリコ錦 クリームスパイク
Agave applanata f. *variegata* 'Meriko'
('Cream Spike')
Veracruz, Puebla, Mexico
小〜中型のアガベだが若いときはよく仔吹きする傾向が
あり、取り除かないと姿が乱れやすい。普及種ながら成
長した標本は大変姿の整った美しいものになる。そもそ
もは日本で作出されメリコ錦と呼ばれていたが、最近は
アメリカから逆輸入されクリームスパイクの商品名でも
流通している。

アルボピロサ
Agave albopilosa
Huasteca, Mexico
多数の細い葉が密なロゼットをつくる
小型種。最大の特徴は葉先の刺の直
下の組織が風化し、白い毛のような
繊維の束を生じることで、葉先に毛玉
がついたように見える。栽培下では新
葉は先端が硬くて毛玉にならないが、
時間がたつと風化するように繊維がバ
ラけてくる。

A.albopilosa

A.americana
アメリカーナ

大型のアガベで、青みの強い短剣のような長い葉で雄大なロゼットを形成する。葉がほぼ真っすぐ伸びるもの、長くうねるもの、色々なタイプがある。本種の日本語名は「竜舌蘭（リュウゼツラン）」で、これはアガベ属全体の呼称でもある。また「竜舌蘭」は斑入りにつけられた名前で、斑の入らないものは「青の竜舌蘭」とも呼ばれる。亜種として ssp.*americana* と ssp.*protoamericana*、変種としては var.*expansa*、var.*franzosini*、var.*oaxacensis* が記載されているが、識別は難しい。もっとも広く親しまれている ssp.*americana* は、イタリアの栽培植物をもとに記載されていて、原産地はわかっていない。いずれも寒暑と乾湿への適応力が高く、世界中で広く栽培され、帰化している。日本でも各地で地植えで露地栽培されている。園芸的には数多くの変異個体や斑入り種が存在する。

アメリカーナ・マシュマロクリーム
Agave americana f.*variegata* 'Marshmallow cream'
冴えたクリームイエローの覆輪斑が入る。基本種に比べると、葉幅が広く長さも短いため、コンパクトな印象を与える。

那智の輝
Agave americana f.*variegata* 'Nachi no Kagayaki'
アメリカーナの黄中斑入りタイプ。

コハク竜舌
Agave americana f.*variegata* 'Kohaku'
黄色の覆輪斑だが、中央部にも縞斑が入るタイプ。

華厳（アメリカーナ白中斑）
Agave americana f. *variegata* 'Kegon'
濃緑の葉に純白の斑色が冴えわたる美しい植物。
青（斑なし）に比べると多少寒暑に弱い。

アメリカーナ・三光斑
Agave americana f. *variegata*
刷毛で掃いたような芸術的な縞斑が美しい個体。うねる肉厚の
葉に斑模様が踊る。このような完璧な斑まわりはめったに出現
せず、唯一無二の存在感がある。

アメリカーナ・エクスパンサ斑入り
Agave americana var. *expansa* f. *variegata*
エクスパンサは基本種より葉幅がやや広く、
よりパウダリーな葉色になるとされる。
これはその斑入り個体。

アメリカーナ・フランゾシニー
Agave americana var. *franzosinii*
本種も栽培植物を標本にして記載されているもので原産地は不明。
葉は明るいパウダーブルーで反りかえる。アメリカーナとは別種と
して扱われることもある。

A.angustifolia

アングスティフォリア・ミルキーホワイト
Agave angustifolia=Furcraea tuberosa cv. 'Milky White'
Cuba, Dominican Republic, Haiti, Jamaica
アガベとして親しまれてきた種だが、いまは近縁のフルクラエア属（*Furcraea*）に移された。多くのアガベと比べて葉が薄く、観葉植物的な味わい。

A.asperrima

アスペリマ（スカブラ）・黄覆輪
Agave asperrima (=scabra) f.*variegata*
Coahuila,Mexico Northeast and Texas
大きくうねる葉が豪快な種で、かつてはスカブラと呼ばれていた。
米南西部からメキシコ北部に分布し寒さにも強い。この株は鮮やかな黄覆輪。

A.atrovirens
アトロビレンス

アトロビレンス・ミラビリス
Agave atrovirens var.*mirabilis*
Oaxaca, Veracruz, Mexico
基本種よりパウダリーな青肌になるとして
Gentry が分離したが、大きな差はない。

アトロビレンス
Agave atrovirens
Oaxaca, Puebla, Mexico Southwest
巨大に育つ豪壮なアガベで、ロゼットが3mを超えることもある。
標高の高い所に分布する。アメリカーナなどにも似るが、より葉幅が広く端正な姿。地植えに適するが、このように大鉢で締めて作っても見事な標本になる。

A.attenuata
アテヌアータ

柔軟でスムーズな葉は美しいブルーで、目立つ鋸歯がない。あまり多肉質ではなく、すぐに茎立ちするのでアガベらしく見えない優雅な植物。そのためフルクラエア属（*Furcraea*）に移す見解もある。育てやすいが寒さには弱い。多くの斑入り園芸種がある。

アテヌアータ・ハンチントンブルー
Agave attenuata cv. 'Huntington blue'
Jalisco, Michoacan,
Central and Southern Mexico
刺のないたおやかな葉姿で、やがて幹立ちする。アガベらしからぬ気品をたたえる植物。青みの強い個体が園芸種として選抜されてきた。このハンチントンブルーは、有名なボウチンブルー（'Boutin Blue'）とよく似ているが、よりパウダリーで明るい葉色で、なおかつ葉が垂れ下がらない美形。寒さにはあまり強くないので、暖地以外では屋外越冬は難しい。

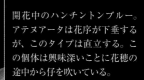

開花中のハンチントンブルー。アテヌアータは花序が下垂するが、このタイプは直立する。この個体は興味深いことに花穂の途中から仔を吹いている。

アテヌアータ翡翠盤
Agave attenuata f.*variegata* 'Yellow stripes'
長く栽培されてきた美しい斑入りだが、斑回りのよい個体はなかなか殖やせない。

アテヌアータ三光斑
Agave attenuata f.*variegata*
三光斑というのは、三色が葉の上にあるという意味。緑の地に黄斑と白斑がのっている。

ブルーフレーム（縞斑）
Agave attenuata hyb.'Blue Flame'
コントラストの鮮やかな縞斑のアテヌアータ。シャウイー（*A.shawii*）との交配由来とされる。

A.bovicornuta
ボビコルヌータ

ボビコルヌータ
Agave bovicornuta
Chihuahua, Sinaloa, Sonora, Mexico
明るいグリーンの幅広の葉は、マーキング
（leaf imprinting）が目立つ。ふくよかなロ
ゼットを形成する美種。葉縁の鋸歯は赤く
細かく大小が密に連なり特徴的。

ボビコルヌータ・マッドカウ
Agave bovicornuta × colorata 'Madcaw'
葉縁のギザギザ感が強調されてより兇悪な
印象のボルビコルヌータの園芸交配種。コ
ロラータ（*A.colorata*）とのかけあわせで生
まれたとされる。

A.bracteosa

ブラクテオーサ・白中斑
Agave bracteosa f.*variegata*
Northeastern Mexico
細長く薄く柔らかい葉は湾曲し、アガベら
しからぬ独特のロゼットをつくる。
その姿から 'spider agave'、'octopus agave'
などとも呼ばれる。斑入り個体はエレガン
トでとても魅力的だ。

A.cerulata

セルラータ・サブセルラータ・
白牙竜

Agave cerulata ssp.*subcerulata*
Baja California,Mexico
パウダーブルーの葉を持つ中型の
アガベで、鉢植えではなかなか本
来の姿と魅力を発揮しにくい。バハ
半島などの原産で丈夫な植物。

A.chazaroi

チャザロイ

Agave chazaroi
Jalisco, Southwestern Mexico
美しいグリーンの葉で周囲には赤い縁どりがある。
葉幅が広くバランスがとれていて、成株のロゼット
はとても美しい。2007 年に記載された比較的新し
い種。

A.chiapensis

チアペンシス

Agave chiapensis
Oaxaca and Chiapas, Mexico
均等に並ぶ鋸歯が美しい中型のアガベだが、
ある程度の大きさにならないと本来のバラン
スになってこない。地植えしたくなるが寒さ
に強くない。

A.chrysoglossa

クリソグロッサ
Agave chrysoglossa
Baja California, Sonora, Mexico
スレンダーな葉姿の美しいアガベ。
鋸歯はないが、リーフエッジの縁どり
が美しい。一見、ペローナ（*A.pelona*)
とも似ている。

Agave colorata

コロラータ・黄中斑
Agave colorata f.variegata
コロラータのヘラ状の大きな葉に斑色が映えるダイナミックな標本。

コロラータ（武蔵坊）
Agave colorata
Sonora, Sinaloa,Northwestern Mexico
パウダーブルーの葉は縁がギザギザしていて鋭い鋸歯があり、一枚一枚
が大きくて迫力がある。縞模様が出現することもある。よく目立つマー
キング（leaf imprinting）も見所だ。中型のアガベだが、大きく育ち葉
数が増えるとより見事になる。武蔵坊の日本語名がある。

コロラータ・ハイブリッド
Agave colorata hyb.
コロラータの白銀葉の美しさがいかされたハイブリッド

A."cremnophila"

" クレムノフィラ "
Agave sp. aff. *cremnophila* 'Oaxaca'
Oaxaca,Mexico
クレムノフィラは 2018 年に記載されたオアハカ州原産の
吹上に似たアガベ。この写真の株はそれより十数年前に、
Agave.sp.Oaxaca 'pincushion' の名で MesaGarden より
頒布された種子からの育成株で、クレムノフィラかどう
かは開花まで確定できない。幅 1cm 足らずの薄い葉が極
めて密なロゼットを形成している。

A.datylio

ダティリオ
Agave datylio
Southeastern Mexico
青みの強い葉は細く長く刺は鋭い。
愛らしい見かけではないが、酷暑乾
燥にも強く大変にタフな植物。緑磁
炉という日本語名もある。

A.demeesteriana
デミーステリアナ

刺のないシャープな葉は肉質もやや柔らかくアガベらしくない表情を見せる。多数の美しい斑入り園芸種があり、観葉植物としても「ベネズエラ」の名で親しまれている。暖地では庭植え植物としても活用される。寒さには強くないが性質は丈夫で育てやすい。原記載者のJacobiは二通りの名前を記載したために、*desmetiana*という名の方が通っているが、*demeesteriana*としての記載が2年早く、こちらが正式名ということになる。

デミーステリアナ・白中斑
Agave demeesteriana
f.variegata
純白の中斑は幅広く、栽培場のなかでもぱっと目をひく存在。デミーステリアナは葉の地色、斑色の様々な個性がある

デミーステリアナ・ブルームーン
Agave demeesteriana 'Blue Moon'
空のようなブルーリーフにレモン色の覆輪斑が飾る極美種。多数の園芸クローンのなかから鷲原旅人氏が見出したもので、ビザールプランツファンのみならずすべての植物好きを魅了する。台湾では「銀河旅人」とも呼ばれている。

デミーステリアナ・雪月花
Agave demeesteriana
f.variegata 'Setu Getu Ka'
明るいグリーンの地にクリームイエローの斑が溶けあい気品あふれる種。本種は鷲原旅人氏の作出。

デミーステリアナ・ゴールド・マージン
Agave demeesteriana f.*variegata* 'Gold margin'
濃厚かつ深い黄覆輪がインパクトを与える種。コントラストが美しく、大きくなると一層見ごたえがある。本種も鷲原旅人氏の作出。

A.filifera / A.schidigera
フィリフェラ・シジゲラ

細葉の密なロゼットをつくる小型種で、葉面の白ペンキと、葉縁がささくれて糸状になったフィリメントが特徴。乱れ雪の学名にはフィリフェラ（filifera）が対照されるが、かつて亜種で、いま独立種となったシジゲラ（schidigera）も栽培下では区別されずに乱れ雪のなかに含まれていると思われる。野生化ではシジゲラの方が分布域が広く、特徴としてはフィリフェラはより仔吹きしやすい。いずれも寒さには強く丈夫。

白糸の王妃・黄覆輪
Agave filifera/schidigera 'Shira ito no Ohi' f.*variegata*
Northern Mexico
ペンキとフィリメントが美しいアガベ。かつて輸入された自生地北限の個体群から、ヒゲの目立つ個体が選抜され白糸の王妃の名が与えられた。これはそのなかの微かに斑が入った個体からさらに選抜固定されたもの。写真の二鉢は実は同種で、作り方次第でコンパクトにもなるが、径70-80cm に育てることも出来る。

乱れ雪・縞斑

Agave filifera/schidigera
'Midareyuki' f.variegata

こちらは乱れ雪の名で栽培されてきた
クローンの枝変わりで生じた縞斑。全
葉にバランスよく散った斑が美しいの
は当然だが、この株のように斑の入り
具合に不均衡があるとアングルによっ
て表情が変化する。唯一無二の美しさ
がある。

アガベ属

シジゲラ

Agave schidigera

Chihuahua, Durango, Sinaloa, Sonora, Mexico

シジゲラとラベリングされた個体。濃厚なペンキとささくれ立って
太いフィラメントがインパクト抜群の株。

滝の白糸（中斑）

Agave × *leopoldii* f.*variegata*

日本で言う「滝の白糸」は、このレオポルディに対照されると考えら
れる。レオポルディは *filifera* と *schidigera* の交配によって生まれたと
されている。くるくる巻くフィラメントがチャームポイント。

王妃笹の雪錦（ピンキー）
Agave filifera cv.'Pinky'
王妃笹の雪はフィリフェラの小型変異とされているが姿も原種とは違いがあって、起源は不明。A型とB型があり、A型がよりコンパクト。ピンキーはA型タイプの斑入り種で、丹精かつ美しいのでアガベ斑入り種の最高峰として不動の人気がある。殖えにくく、性質も強くない。

▌A.geminiflora

▌A.gentryi

ゲミニフローラ
Agave geminiflora
Southwestern Mexico
フィラメント系のアガベでフィリフェラにも似るが、葉幅はとても細い。吹上のような密でボール状のロゼットを作る。

ジェントリー・ジョーズ
Agave gentryi 'Jaws'
widespread in Northeastern Mexico
葉縁に鋭い鋸歯が並ぶ人気の園芸選抜種。もとになった原種のゲントリー（ジェントリー）はメキシコの比較的高地の樹林帯に分布し、寒さに比較的強い。

A.ghiesbreghtii
ギースブレイティ（ジェスブレイティ）

帝釈天
Agave ghiesbreghtii (A.purpsolum)
Central and Southern Mexico
帝釈天は古くから愛培されてきたアガベで、ブルーグリーン
の重量感あるロゼットと強靱な鋸歯が特徴。ギースブレイ
ティ（パープソルム）の一型と考えられる。

ギルベイ
Agave ghiesbreghti 'gilbeyi' (A.horrida)
Veracruz, Morelos, Oaxaca, Mexico
立ち気味の葉を強靱な鋸歯で武装するいかついアガベ。
ギースブレイティ（*ghiesbreghtii*）のシノニムともされ
るが、ホリダ（*horrida*）の亜種とした方がしっくりくる
人が多いかも知れない。

A.guadalajarana
グアダラハラナ

グアダラハラナ
Agave guadalajarana
Jalisco, Nayarit, Mexico
葉幅が広くボリューミーなロゼットを形成する中小型種で、
ブルーの葉と全周に細かく密生した鋸歯が魅力的だ。ポタト
ルム（*potatorum*）と似るが、本種は葉裏が紙やすりのよう
にザラザラしているので触れば区別できる。

グアダラハラーナ・レオン
Agave guadalajarana 'Leon'
葉の色がより明るく、鋸歯の赤
みも強い。色彩が際立つ園芸選
抜個体。

A.havardiana

ハーヴァーディアナ

Agave havardiana
Northeastern Mexico, Texas

ホワイトブルーの三角の葉が端正なロゼットを作る中型種。
吉祥天（*parryi*）にも少し似る。米テキサス州のビッグベン
ド公園でも見ることが出来る。

Photo Jeremy Spath

A.impressa

インプレッサ（自生地）

Agave impressa
Nayarit, Sinaloa, Mexico

明るいグリーンの葉には、白く独特のパターンのマーキング（leaf imprinting）
が刻まれる鮮烈なアガベ。標高の低い蒸し暑い場所に生えており成長は早いが
寒さには弱い。より葉の短いコンパクトなフォームがあり、マーキングにも濃淡
があるので園芸的改良も楽しみな種。

A.isthmensis
イシスメンシス

極く小型のアガベでロゼット径は 10cm 未満のものから大きくても 30cm 程度とされる。パウダリーで青みの強い葉はギザギザしており、蝶の羽のように立ち上がって立体的なロゼットを構成する。"Dwarf Butterfly Agave" とも呼ばれ、見れば見るほど惹きこまれるような造形美がある。メキシコ南部のテワンテペク地峡(Isthmus of Tehuantepec) がオリジナルの産地で学名の由来だ。地峡の西側にはベラクルス州 (Veracruz) とオアハカ州 (Oaxaca)、東側にはタバスコ州 (Tabasco) とチアパス州 (Chiapas) がある。イシスメンシスは、かつては広範囲に分布する potatorum の1タイプとして扱われていたが、1993 年に García-Mendoza がこのエリアの小型の植物をイシスメンシスとして分離して記載した。それ以前には potatorum (potatorum var.verschaffeltii とされる場合もあった) =雷神の名前でイシスメンシスも流通していため、potatorum-verschaffeltii-isthmensis の関係はなかなか混沌としている。また園芸的に特徴ある個体にも愛称がつけられていて、斑入り種も含めてイシスメンシスだけで一大コレクションになる。栽培は難しくないが、低温は苦手だ。

イシスメンシス　インランドフォーム
Agave isthmensis 'inland form'
Jeremy Spath 氏によれば、内陸型のイシスは、より青みが強く、葉は肉厚だとされ、この個体の特徴に合致する。

イシスメンシス（メサガーデン系原種）
Agave isthmensis from 'Mesa garden'
アメリカの著名ナーセリー、MesaGarden の種子から出たもので、タイプ植物に近い型。

イシスメンシス・楊貴妃
Agave isthmensis f.*variegata* 'Yokihi'
小型のイシスメンシスの斑入り。
色も鮮やかで派手めの縞斑が美しい。

王妃カブトガニ特選連刺
Agave isthmensis cv.'Ohi Kabutogani'
小型のカブトガニで、鋸歯が鮮やかな赤で、剣が峰のように連なって美しい型。

王妃雷神
Agave isthmensis cv.'Ohi Raijin'
斑入りをよくみかける王妃雷神だが、コンパクトなペールブルーのストレートな葉姿が美しい。小さくても存在感抜群。

カブトガニ（広葉）
Agave isthmensis cv.'Kabutogani wide leaf'
葉幅が広く異彩を放つが、
全体のバランスはイシスそのものだ。

カブトガニ
Agave isthmensis cv.'Kabutogani'
鋸歯が連なり美しいタイプのイシスをカブトガニ（甲蟹）と呼ぶが
その標準的なクローン。

グリーンダルマ
Agave isthmensis cv.'Green Daruma'
ダルマ型のつまったフォルム、
ペールグリーンの葉色が独特。

カブトガニ・オリジナルクローン
Agave isthmensis cv.'Kabutogani Original'
こちらは ISIJ の小林浩氏が導入したタイプとされるカブトガニ。
元祖カブトガニと呼ぶべきクローン。

皇帝（スプーンリーフ）
Agave isthmensis cv.'Kotei'
大柄でブルーの葉はその
名のとおりスプーン状。ボ
リューム感あふれる植物。

プリンセスクラウン
Agave isthmensis cv.'Princess crown'
鋸歯が完全に連なって、赤い縁どりのように
見える。小さいがインパクト満点のタイプ。

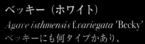

ベッキー（ホワイト）
Agave isthmensis f.*variegata* ′Becky′
ベッキーにも何タイプかあり、
その中でも白斑入りの美しい種。

雷帝（カナリールート）
Agave isthmensis cv. ′Raitei′
カブトガニ同様、カナリー島のナーセリー
から来たタイプで、新雷帝とも呼ばれる。

雷帝（戦前型）
Agave isthmensis cv. ′Raitei′
イシスの名がつくはるか昔、戦前からの型で旧雷帝とも。
本種の斑入りがアトミックゴールド。旧雷帝。

雷帝錦（アトミックゴールド）
Agave isthmensis f.*variegata* ′Atomic Gold′
雷帝はイシスの名がつけられるはるか以前に導入された
ときに名付けられたもの。こちらはその黄覆輪斑。

アガベ属

39

Photo Jeremy Spath

A.kerchovei

ケルチョベイ（自生地）
Agave kerchovei
Oaxaca, Mexico Southwest

長い葉を強い鋸歯で武装するアガベ。上の写真は自生地の
特異な個体で、葉は短く鋸歯が連なって兇暴な面構えである。
ケルチョベイには色々な顔があるが、Jeremy Spath 氏が撮
影したこの植物は、近縁のギースブレイティ（*ghiesbreghtii*）
や、分布域が重なり自然交雑の存在が確認されているチタノ
タを思い起こさせる。鋭い鋸歯が様々な想像をかきたてる。

まもなく開花する
ケルチョベイ（栽培株）

ケルチョベイ・フアユアパン・レッド
Agave kerchovei cv. 'Huajuapan Red'
Huajuapan? Oaxaca
葉が赤く染まるフォームだが、低温や乾燥な
どストレス要因がないとグリーンに戻ることが
ある。

A.lechuguilla

レチュグィラ・黄覆輪（白磁炉錦）
Agave lechuguilla f.*variegata*
Southwestern USA to Northeastern Mexico
広い分布範囲を持つ小型のアガベで叢生する。葉は細く
ロゼットは偏心している場合が多い。ランナーで旺盛に茂
り分布域ではよく見かける。鋸歯は強く、サボテン探しで
原野を歩くと足に引っかかって痛い思いをする。人気種と
は言えないが、黄斑が入れば見違える美しさだ。

A.lophantha

ローファンサ・ミニスカート
Agave lophantha f.*variegata* 'Miniskirt'
Northeastern Mexico , Texas
シャープな葉姿のアガベで鋸歯も鋭い。丈夫で成長も
早く、よく仔を吹いて殖える。葉の先端の刺は鋭い。
Agave univittata とされる場合もある。

41

ローファンサ・五色万代
Agave lophantha f.variegata 'Quadricolor'
ローファンサには鮮やかな色彩の斑入りが
様々あり、どれも大変美しい。五色万代は
目にも鮮やかなストライプの人気種で、丈
夫でよく増えるので普及している。

ローファンサ・ホワイト
Agave lophantha f.variegata 'White'
典型的な五色万代とは斑色が異なっていて、
よりシックな印象を与える。白斑であること
が名前の由来。

A.macroacantha
マクロアカンサ

マクロアカンサ（竹内矮性）
Agave macroacantha
Oaxaca,Puebla, Southwestern Mexico
細長く剣のような形状の硬い葉をもつ中型種で古くから人気がある。
尖端の刺は漆黒で美しい。ただこれにも個体差があり、刺の短いも
のや褐色の個体もある。好まれるのは矮性かつ刺先の黒が際立つ個
体だ。斑入りを含め様々な園芸選抜種がある。自生地では石灰岩な
どの岩場を好む。

マクロアカンサ斑入り・ブルーリボン
Agave macroacantha f.variegata 'Blue Ribbon'
ブルーの細い葉に淡いレモン色の覆輪斑が映える。
斑幅が狭く黄色い縁どりのように見えるのがポイント
だ。葉先の刺は真っ黒でコントラストが美しく、マク
ロアカンサの良さが引き立つ。

マクロアカンサ交配種 リトルシャーク
Agave macroacantha hyb. 'Little Shark'
Kelly Griffin 氏が作出したマクロアカンサと笹の雪（*victorae-reginae*）の
ハイブリッドと言われ、端正なロゼットが美しいアガベ。

A.margaritae

マルガリタエ
Agave margaritae
Mexico Northwest,BajaCalifornia
バハ半島西岸のマルガリタ島（Isla Margarita）とマグダレナ島
（Isla Magdalena）に産する鋸歯の鋭い小〜中型アガベで、葉色
のブルーが強いタイプは美しい。本種とチタノタのハイブリッド
'TiMarg' も人気がある。写真はまだ小株。

A.marmorata

マルモラータ・パピリオプラタノイデス
Agave marmorata cv.'Papilio platanoides'
Puebla, Oaxaca, Southwestern Mexico
マルモラータは陶磁器のような青い葉を持つ中型アガベ。
このタイプは葉が極端に短くダルマ型に育つ変異個体で、
アゲハチョウ（Papilio）の名を与えられている。

▌A.megalodonta

メガロドンタ
Agave megalodonta
Oaxaca, Mexico Southwest
サメの歯のような大きく鋭い鋸歯で武装する
アガベで、学名のメガは大きな、オドンは歯
を意味する。2019年に記載された新しい種で
当初は*titanota*と考えられていたこともある。
*inaequidens*のシノニムとする見解もある。

▌A.montana

モンタナ
Agave montana
Tamaulipas, NuevoLeon, Querétaro,
Mexico Northeast
明るいグリーンの葉には美しくマーキングが入り、葉先はツンと
尖る。ロゼットはバランスのよい形に整う。大型種だが鉢栽培
でも十分楽しめる。自生地は標高が高く、ビャクシンなどの疎
林帯に生えている。雨の多い湿潤な環境で寒さにも強い。

モンタナ・ライムフラッシュ
Agave montana f.*variegata* 'Lime Flash'
まだ貴重なモンタナの斑入り。
斑色が地色に溶けあっている。

A.nickelsiae

ニッケルシー（笹吹雪）
Agave nickelsiae
Northeastern Mexico

笹の雪に近縁のペンキが美しいアガベだが、より大柄で葉数が少なく、深い緑色に白が映える。葉端の黒刺もよく目立って美しい。かつては *ferdinandi-regis* と呼ばれていたが、その後、発見者（Anna Nickels）の名からニッケルシーが正式名となった。ずっしりと肉質も硬く、成長がとても遅いアガベだ。自生地には本種とアスペリマ（*asperrima* = *scabra*）の自然交配種が生えていて、これが人気園芸種シャークスキンの元となったニグラとされる。また、Durango 州には本種によく似たピンティラ（*A.pintilla*）があるが、より小型でこちらも白ペンキが美しい種。

A.obscura

オブスキュラ・レッドスカイライン
Agave obscura f.*variegata* ′Red Sky Line′
Oaxaca, Puebla, San Luis Potosi, Mexico
オブスキュラは細かな赤褐色の鋸歯をもつ中型種。園芸種（写真）のレッドスカイラインは葉縁がスムースで赤い縁取りに飾られ、明るいグリーンの覆輪が入る。原種とはかなり異なっており交配種の可能性もあるが、詳細は明かされていない。

A.ocahui

オカフイ
Agave ocahui
Sonora, Mexico Northwest
やや上向きに湾曲する細い葉が密なロゼットを作る小型のアガベ。吹上に似た印象もあるが葉幅はより広く、赤褐色の縁どりがある。有名な園芸種 ′Blue Glow′ の片方の親とされる。

A.sp. 'Mapimi'

アガベ sp.　マピミ
Agave sp. ′Mapimi′
Mapimi, Durango, Mexico ?
種名不明の栽培株で、オカフイ（*ocahui*）などに近い姿のアガベ。リーフマージンが美しいスマートな植物。

A.ovatifolia
オバティフォリア

オバティフォリア
Agave ovatifolia
Nuevo León, Northeastern Mexico

パウダーブルーの肉厚な葉を丁寧に配置した重心の低いロゼットは端正そのもの。大人が両手を広げたサイズになる大型種だ。葉の造形は独特で、学名は「卵の葉」の意味をもち、英名では "Whale's tongue agave"（クジラの舌）と呼ばれる。その存在感は圧倒的で、アガベのなかで最も美しい植物ともいわれる。すでに 19 世紀には知られていたが、自生地はアクセスの難しい私有地などにあり、正式記載は 2002 年、栽培されるようになってからはまだ日が浅い。標高 1200-1500m の高地に分布し、湿潤な環境や氷点下にも耐えるので屋外地植えにも適するが、成長が早く巨大になることを念頭に置きたい。様々な斑入りや変異個体が愛培されている。仔をほぼ出さないので、繁殖には時間がかかる。

オバティフォリア・キラー（黄覆輪／墨霜降り中斑）
Agave ovatifolia f. *variegata* 'Killer'
オバティフォリアの覆輪斑入り個体につけられた愛称。幅広の
覆輪に加えて、濃緑部分にはかすり模様も入る独特のもの。
ゴージャスなオバティに侘び寂びの魅力も加えた無敵の存在。

オバティフォリア・オルカ
Agave ovatifolia f. *variegatta* 'Orca'
こちらもオバティフォリアの覆輪斑入り個体で、
オバティ本来の魅力にカラフルさを加え、現在
最も人気のある斑入りアガベのひとつ。

A.pachycentra

A.palmeri

パキケントラ・フライングソーサー
Agave pachycentra cv.'Flying Saucer'
El Salvador, Guatemala, Honduras
パキケントラはギザギザした幅広の葉をもつ中大型のアガベ。
中米に分布し変異に富む種。フライングソーサーはその変異個
体でのっぺりと幅広い葉が印象的。

パルメリー錦
Agave palmeri f.*variegata*
Arizona NewMexico and Northern Mexico
アメリカ中西部からメキシコに分布するブルーの葉を
持つ中小型種で、*chrysantha* などにも近い。この個
体は黄の覆輪斑が鮮やかだ。

A.parrasana
パラサナ

パラサナ・ミートクロウ
Agave parrasana 'Meat Claw'
Northeastern Mexico
中小型種で、成長すると葉が内巻きにカーブして
上を向くため、ロゼット全体が球形に近づく。こ
のため "Cabbage Head Agave" の愛称もある。
日本では頼光、頼公と呼ばれる。成長はゆっく
りで、関東で屋外越冬させると葉先が傷むこと
が多い。基準産地である Sierra de Parras がパ
ラサナの名の由来。'Meat claw' は園芸選抜個体
につけられた愛称で、ツメのように鋭く赤みの強
い鋸歯を持つタイプ。原種の良さがしっかり活
かされている。

パラサナ錦（頼光錦）
Agave parrasana f.variegata
パラサナのバランスいいロゼットに上品な斑が入った個体。
こういう斑入りも味わい深い。なお、覆輪斑入りを marginata
と表記することもあるが、本書では斑入り個体全般を
f.variegata としている。

パラサナ・インプレッショニスト
Agave parrasana 'Impressionist'
パラサナの覆輪斑入で、斑色も鮮やかな美し
い種。普及はこれからだが、既に人気種である。

パリー（吉祥天）
Agave parryi
Southwest USA to North Central Mexico
パリーの良さは地植えでより発揮される。成長は早くないが、耐寒性は
とても強く氷点下でもビクともしない。関東では楽に屋外越冬できる。

A.parryi
パリー

　ア　ガベを代表する植物で、アメリカーナと並んで世界で幅広く親しまれている。自生地域では "Mescal" と呼ばれる酒の原料にもされてきた。日本には昭和初期に入り、吉祥天の名で長く栽培されている。アメリカ南西部からメキシコ北部にかけて標高 1200-2500 m の疎林帯を中心に分布する。ブルーの葉は幅広くやや丸みがあり、赤褐色の鋸歯で彩られる。大きく育っても形の崩れない端正なロゼットは、鉢植えでも、ドライガーデンでも幾何学的な造形美を発揮する。分布エリアによって様々な地域変異があり、多数の園芸選抜種や斑入り個体が栽培されている。

パリー・黄覆輪
Agave parryi f.*variegata*
典型的なパリーの斑入りで、整ったロゼットにのった
鮮やかな黄色の覆輪斑が目に刺さってくる。

パリー・ホーチエンシス
Agave parryi var.*huachucensis*
Arizona,USA, Sonora,Mexico
アメリカ・アリゾナ州からメキシコ・ソノラ州に
かけての標高の高い灌木帯に分布する。ホーチ
エンシスを姫吉祥天とする場合があるが、本種
は小型ではなくむしろ大型だ。

吉祥天錦 エクセシオール
Agave parryi var.*huachucensis*
f.*variegata* 'Excelsior'
パリーの端正な美しさは斑が入ることで一層際立つ。
陶磁器のような滑らかな肌に淡い斑色が浮かびあが
り、比類ない気品を醸し出す。このタイプはアメリカ
のエクセシオールガーデンで作出されたもので、昭
和の有名コレクター江隈氏のコレクションとしても知
られている。

パリー・トルンカータ

Agave parryi var. *truncata*
Durango, Zacatecas,Mexico

パリーの一型でサンマリノのハンチントンボタニカルガーデン所蔵クローン。葉は非常に短く幅が広く、丸みを帯びている。ロゼットの美しさはアガベ屈指で、パウダーブルーが冴える。葉数が増えると、アーティチョークを思わせる丸いフォルムになりゴージャス感が増す。地植えもよいが、鉢植えにもとても馴染む。暑さが苦手でパリーより少し性質が弱いと言う人が多い。

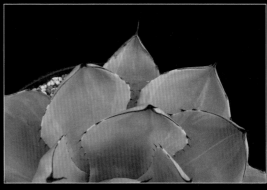

パリー・トルンカータ覆輪

Agave parryi var.*truncata* f.*variegata*

トルンカータらしいパウダーブルーの丸葉に、うっすらと覆輪縞斑が入る。オリザバとは対照的だが、こんな慎ましやかな斑入りアガベもいい。

パリー・トルンカータ オリザバ

Agave parryi var. *truncata*
variegated 'Orizaba'

コントラストの鮮やかな覆輪斑で人気が集中している美種だが、まだ普及の途上。これは小苗だが既にその良さが顔をのぞかせている。よく似たライムストリークより葉の青みが強いと言われる。

A.parviflora
パルビフロラ（姫乱れ雪）

ア　メリカ南西部などに産する小型種で、葉縁はささくれたように白い髭状になり、これをフィラメントと呼ぶ。このフィラメントと葉面についた白ペンキ状の紋様が美しく、斑入りも含めて様々なタイプがある。自生地では稀少でワシントン条約の付属書1に該当する。小型なので開花しやすいが、仔もよく吹くので絶種の心配は少ない。寒さには強いが蒸れは苦手。近縁種のトーメヤーナやポリアンシフロラなどがかつて産地不詳で導入されてきたこともあり、国内で「姫乱れ雪」と呼ばれる植物は多様である。

姫乱れ雪系の各種
Agave parviflora

姫乱れ雪
Agave parviflora
Arizona,USA and Sonora,Mexico.
コンパクトで姫乱れ雪らしいロゼット。
ペンキの白もべったりついた特選の個体。

特小型姫乱れ雪
Agave parviflora
手のひらにおさまるほど小さなロゼット。
繊細な工芸品のような美しさ。

姫乱れ雪・黄覆輪
Agave parviflora f. *variegata*
濃緑肌に黄色覆輪斑が入る姫乱れ雪。
もともと細葉なので斑幅も狭く上品な
印象だが、白ペンキやフィラメントと
のバランスが美しい。

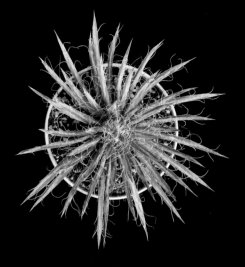

ポリアンシフローラ・樹氷
Agave polianthiflora 'Juhyo'
Sinaloa, Chihuahua and Sonora,Mexico
フィラメントとペンキが特徴の姫乱れ雪に近い種だが、やや葉幅が広いとされる。分布域はより南のメキシコ北西部。「樹氷」は本種の選抜クローンとする見方もある。園芸的には姫乱れ雪の一型として扱われることが多いので、ここに置いた。

姫乱れ雪・黄中斑
Agave parviflora f. *variegata*
鮮やかな黄色の中斑は幅も広くて華やかだ。
同じ種も斑の入り方ひとつでガラリと印象が変わる。

A.pelona

トーメヤーナ・樹氷
Agave toumeyana
Arizona, USA.
トーメヤーナも独立種と見なされているが、姫乱れ雪（*parviflora*）の地域変異亜種とされることもあり、特徴も極めてよく似ているためこの場所に配置した。姫乱れ雪に比べて白ペンキがより目立つとされるが、個体差の範囲とも言える。国内では「樹氷」と呼ばれる白ペンキの多い選抜種にこの学名を対照することがあり、この個体もそうラベリングされている。

ペローナ
Agave pelona
Sonora, Northwestern Mexico
鋸歯のない細く鮮やかな緑色の葉が密なロゼットを作る。葉は先端に向けて赤褐色に染まり先端にはシルバーに輝く長くて鋭い刺がある。自生地では崖の岩場にしがみつくように生えている。まだあまり普及していないが間違いなく極上の美種だ。栽培下は葉が緑になりがちで本来の色彩の再現には強光線と抑制的な栽培が求められる。

A.potatorum
ポタトラム

幅広の葉にはギザギザがあり、鋸歯も目立つ。メキシコ南部 (Puebla, Veracruz, Oaxaca) の広い範囲に分布する小中型アガベで標高 1200-2000m のやや高い場所に生える。現地アステカの言葉で "Papalometl（蝶）" と呼ばれるが、立ち上がった葉姿の印象からだ。こうした特徴は、かつてポタトラムに含まれていて、のちに分離されたイシスメンシス (isthmensis) と重なる部分が多い。サイズや葉形・刺の変異の幅が大きく、数多くの選抜種、交配園芸種がある。日本名としては雷神が照応されてきたが、その中にはイシスメンシスに含まれるものもあり混乱がある。怒雷神と呼ばれるベルシャフェルティ (Agave verschaffeltii) も現在は本種に含まれている。吉祥冠とも特徴が似ていて、これを potatorum に対照する場合がある。概ね育てやすいが南方系なので寒さには強くない。学名の "potator" は酔っ払いの意味で、本種がトバル (tobal) と呼ばれるメスカル酒の原料にされたことからきているそうだ。

ポタトラム・アイスクリーム
Agave potatorum 'Eye Scream'
ポタトラムのクリーム色覆輪斑。
葉の地色も淡く、涼しげな色彩が美しい。

ポタトラム・キャメロンブルー
Agave potatorum 'Cameron Blue'
葉縁のギザギザは、ポタトルムの特徴のひとつだが、それがとくに際立つ園芸選抜種。

風雷神（三光かすり斑）
Agave potatorum f.*variegata* 'Huuraijin'
ツンと尖った刺先がチャーミングなポタトラム。
散り中斑が渋い味わいを醸し出している。

雷神（厚肉タイプ）
Agave potatorum
Mexico Gulf, Mexico Southwest
雷神とラベリングされている個体だが、
どちらかというとイシスメンシスに含め
るべき植物かも知れない。

ポタトラム・スノーフォール
Agave potatorum f.*variegata* 'Snow fall'
灰緑色の葉に鮮明なクリームイエローの覆輪斑が入る。
ギザギザした葉縁の赤い鋸歯が斑色によく映える。

▌A.salmiana
サルミアーナ

アメリカーナなどと並んで、地中海の風景には欠かせないアガベ。19世紀から欧州に導入され各地で栽培されてきた。ロゼットの径が4mにもなる巨大種で、濃緑の長い葉の尖端は少し反り返る。長くフェロックス（*ferox*）と呼ばれてきたが、いまはサルミアーナに統合された。日本では本種のこともアメリカーナ同様に竜舌蘭と呼ぶことがある。Century plant の名の通り、長い生涯に一度だけ開花して枯れるが、その花序は高さ10m以上に達することもあり、まさに植物の一生をかけた壮大な打ち上げ花火だ。

サルミアーナ錦
（フェロックス錦＝猛竜舌錦）
Agave salmiana v.*ferox* f.*variegata*
長い剣状の葉を突き上げ、先端部が反り返る
典型的なサルミアーナらしい株。そこに、鮮
やかなイエローの縞斑がのった見ごたえたっ
ぷりのアガベ。

ローガンカルホーン
Agave salmiana var.*ferox* ′Logan Calhoun′
やや幅広で寸の詰まった葉は波打ち、鋸歯は
ギザギザと暴力的で迫力がある。基本種とは
異なる味わいの園芸選抜種。

グリーンゴブレット
Agave salmiana var.*ferox* ′Green Goblet′
サルミアーナ・フェロックスの一型とされる。メキシコの
Sierra Chiquitad で見つかった自然交配種とも言われるが真偽
は不明。サルミアーナの中では小ぶりとされるが、それでもロ
ゼットの径が2メートルを超える巨大種。人の手と比べてほしい。
その名の通り濃緑の盃のような姿になる。

ミスターリップル

Agave salmiana cv. 'Mr.Ripple'

リーフマージンがうねうねと波打ち立体的なロゼットを作る。
サルミアーナとアメリカーナ（var.*protoamericana*）の交配
種が起源とされる。

リップルエフェクト

Agave salmiana f.*variegata* 'Ripple effect'

ミスターリップルの斑入り。黄色の覆輪がうねる葉を彩る。
どちらも育てやすく、庭植えにも適したアガベ。

▌A.sebastiana

▌A.shawii

セバスチャナ・シルバーライニング

Agave sebastiana 'Silver lining'

Baja California,Mexico

メキシコ・バハカリフォルニア半島沿海の島に分布する中型の
アガベ。自生地は冬に湿潤な地中海的な気候で、暖かな冬に
水を与えて動かすのが理想。写真はブルーリーフのスマートな
ロゼットが美しい園芸種。

シャウィー

Agave shawii

Baja California,Mexico

バハカリフォルニア半島の北西部の海岸沿いに分布する中型のアガベで、
大変変化に富む。葉縁の鋸歯はギザギザと鋭く、ときに連続する。次の
ページに掲載した凄まじい個体を見てほしい。暑さと乾燥に強くタフな
アガベでもあり、もっと注目されていい。

Photo Jeremy Spath

シャウィー・ゴールドマニアナ（自生地）
Agave shawii var. *goldmaniana* (twisted leaves)
Baja California Mexico
捩じりあげたように曲がりうねる葉と刺。
変化に富むシャウィーのなかでも最高の表現型
のひとつ。いつかこの姿を間近で眺めたい。

アガベ属

A.sisalana
サイザラーナ

サイザラーナ（斑入り）
Agave sisalana f.*variegata*
サイザル麻（ロープなどに使う繊維）の
原料となるプランテーション作物として
世界で広く栽培される。原産地は正確に
は特定されておらず、栽培個体は概ね不
稔である。この写真は美しい斑入り個体
で背景のストーリーも含めて楽しみたい。

A.striata/stricta
吹上

極く細い葉を密生させ独特のロゼットを形成する吹上
は、古くから愛されてきたアガベだが、その学名が
striata なのか *stricta* なのかは判然としない。両種は大
変よく似ているが、*striata* はメキシコ中央～東部に幅広く
分布するのに対して *stricta* は Puebla 州から Oaxaca 州
にかけてのテウアカン砂漠にのみ分布する。翻って栽培さ
れる「吹上」を考えたとき、これまで *striata*、*stricta* 双
方が導入されてきて、いずれにも吹上の名がつけられて
きたため、国内で○○吹上と呼ばれる植物には *striata*、
stricta の双方があると考えられる。両種は学名のスペル
も a と c の一文字しか違わないが、植物本体も極めてよく
似ていて、その差異は微小だ。*striata* のなかに *stricta* を

吸収する見方もあるくらいで、正確な自生地情報と花や子
房の観察を経ずに葉姿だけで識別するのは困難だろう。
園芸的には葉の断面が平べったいタイプを *striata*、厚い
（棒状）タイプを *stricta* とすることが多く、小型で短く硬
い葉の「姫吹上」や「ナナ」などは *stricta* にあたると言
われる。また両種とも葉色が赤～紫に染まるタイプがあり
"Rubra" などと呼ばれるが、自生地ではしばしば緑葉タイ
プと混生している。さらに *striata* のうち葉が湾曲するも
のに *falcata* の亜種名をあてる場合もある。ここでは吹上
とされる植物について、明確なラベル記載があった標本以
外は、学名を *stricta/striata* と表記した。

吹上・ストリクタ
Agave stricta
NW Oaxaca, SW. Puebla
明るい緑色の葉が真っ直ぐ伸びて、尖端
は焦げたように色づく。多数の葉でロゼッ
トはボール状になる。*stricta* のラベルが
ある個体で吹上らしい姿をしている。

吹上・ストリアータ
Agave striata
Northeastern Mexico
ストリアータ（*striata*）とラベリング
された個体。葉は比較的薄く大柄でス
トリアータのイメージにはフィットする。

極姫吹上
Agave striata/stricta
姫吹上のなかの極上品。左の大株標本と同じ
姫吹上だが、こちらは締めて作られたことも
あり、コンパクトで密なロゼットに仕上がって
いる。

姫吹上（特大標本）
Agave striata/stricta
姫吹上と呼ばれるタイプで細い葉を多数密集させる。この株
は葉数もみっしりと多く、ほかのどのアガベでも表現できな
い見事な姿に仕上がった。このタイプはストリクタ（*stricta*）
ではないかと考えられている。

姫吹上・白覆輪
Agave striata/stricta f.variegata
特に細い葉に白覆輪がスッキリと
入った繊細で上品なアガベ。葉数が
多くなればなるほど見事だ。

吹上錦・中斑
Agave striata/stricta f.variegata
クッキリと幅広の黄中斑が入った印象的な個体。
葉はやわらかく、枝垂れるようなロゼットになる。

赤葉吹上（自生地）
Agave striata 'Rubra'
San Luis Potosí,Mexico
赤葉の吹上も美しい。自生地ではこんなふうに
足の踏み場もないほど密生した群落を作る。

吹上錦・覆輪
Agave striata/stricta f.variegata
細い細い葉にしっかり覆輪が入っている。
葉は柔らかく、海中生物を見るようだ。

Photo Kaoru Sano

A.titanota
チタノタ（オテロイ）

マッシヴなグリーンの葉と、その全縁を覆う攻撃的な鋸歯は鮮烈な印象を与える。現在のアガベブームの原動力であり、園芸界全体を見渡しても屈指の人気種と言っていい。葉刺のバラエティの魅力に加えて、鉢植えにフィットするサイズ感と屋内のLED栽培などにも適応する育てやすさで、まだまだ人気の裾野は拡大中だ。

　Agave titanota の記載は1982年だが、日本国内ではそれ以前から今の「Fo-076」に似たタイプが導入され、それらは「農大NO.1」「厳竜」などの名で受け継がれてきた。多くの人がチタノタとしてイメージするのはこの型だろう。ちなみに「Fo-076」はメキシコのプラントハンターFelipe Otero氏のフィールドナンバー（採取地と植物を紐付ける番号）で、当初はオアハカ州のシエラ・ミクステカ（Sierra Mixteca）に産する *Agave sp.* として記録されている。葉幅が広く色はグリーン、鋸歯が大きく目立つこの植物は、*titanota* の記載後はその名で呼ばれるようになる。一方で *titanota* と呼ばれるなかには、ランチョ・タンバー（Rancho Tambor）に産し、青みが強くより長い葉を持つやや大型のアガベがあり、*titanota* を新種記載したH.S.Gentryが念頭に置いたのはこのタイプだった。現在まで園芸界ではRancho Tambor産、Sierra Mixteca産、そして双方の中間的なタイプがみなチタノタの名で流通している。こうしたなかアメリカの栽培研究家Greg Starr氏らは2019年、自生地での調査を踏まえて、Rancho Tamborタイプ

と、Sierra Mixteca（Fo-076）タイプを分離し、後者にOtero氏に因んだオテロイ（*A.oteroi*）の名を与えて記載した。日本で栽培されてきたチタノタの多くはこのオテロイに該当すると考えられる。さらに同じ2019年にはGarcia Mendozaが、それまでチタノタとして扱われてきたQuiotepec産の植物に *Agave quiotepecensis* の名を与えており、なかなか混沌とした状況だ。実際、*titanota*、*oteroi* ともに変異幅が広いうえに、近縁でやはり強い鋸歯を持つ *A.kerchovei* と混生するエリアもあって、多くの中間的な個体（交雑）が見られる。自生地を度々探索したJeremy Spath氏は、"titanota"の分布域のほとんどのエリアで青葉と緑葉の植物は混生している、と書いていて、葉色の違いも花序のサイズ差も決定的な要素ではないという。そもそも *titanota* と *oteroi* は生殖的に十分隔離されておらず、それぞれを独立種とは認めにくいという考え方もある。

　自生地情報に紐付いた典型的な *titanota* と *oteroi* だけに限れば、別種として線を引くことも出来るだろうが、いまや"チタノタ"の選抜育種はハイペースで進んでいて、アストロフィツム（サボテン）の兜などと同様の高度園芸植物の領域に入りつつある。鋸歯やフォルムの顕著なクローンには、それぞれニックネーム（園芸名）が与えられて、その名で呼ばれることが多い。そしてひとたび始まった造形美の追求には終わりがない。これから先、我々の前に現れるのは *titanota* と *oteroi* の境界を飛び越えた究極のアガベに違いない。

チタノタ
Agave titanota (=Agave oteroi)
Oaxaca,Puebla, Mexico Southwest
青みのないグリーンの葉とコンパクトな
ロゼット。鋭くいかつい鋸歯。典型的
な oteroi の顔をした野生個体。オアハ
カ州の自生地にて。

Photo : Jeremy Spath

■ Fo-076系

アガベ属

チタノタ・
'ウルトラポテンシャル'
Agave titanota 'Ultra potential'
銀色の鋸歯はその長さとトップの
ウネリで群を抜く。Fo-076系（Sierra
Mixteca）チタノタの魅力をすべて
詰め込んだようなトップクラスの個
体。成長するほどに完成度があがる。
5号鉢にスッポリ収まる草姿もバラ
ンス最高。栽培者西山氏の命名。

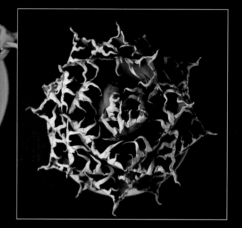

チタノタ農大ナンバー1（オリジナル）
Agave titanota 'No.1'
チタノタの原点ともいえる「農大 No.1」。
まだ学名記載のまえに、東京農大に入った輸入球
から受け継がれた確度の高いオリジナルクローン。

チタノタ 'SAD'
Agave titanota 'South Africa Diamond'
分厚く真っ白なトップを形成するタイプ。
育種地は南アフリカで、'South Africa Dia
mond'、頭文字をとって 'SAD' という呼称
で流通しているようだ。

65

チタノタ 'from Huntington Library'
Agave titanota 'Huntington Library'
真っ直ぐに伸びるトップスパイン、厚みのある独特の形状
の鋸歯が印象的な個体。オリジナルはハンティントン・ライ
ブラリー（米加州の植物園）で販売されていたとされる。

チタノタ 'StudsType'
Agave titanota 'StudsType'
Studs（鋲）と呼ばれるゴマ粒大の鋸歯が葉面に現れるタイプ。
この個体はコンパクトにまとまり、鋸歯が白色になる。

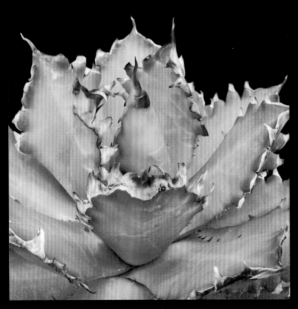

チタノタ・レッドキャットウィーズル（赤猫）
Agave titanota 'Red Cat Weazle'
鋸歯の赤味の強い選抜個体でオランダで作出された
といわれる。この系統のなかからさらに刺の強いタ
イプも出現している。

チタノタ・インフェルノ
Agave titanota 'inferno'
トップスパインは黒く鋭い。台湾で増やされた'ハデス'
に近い品種。葉色は明緑で、Fo-076系の顔立ちだ。

チタノタ・白鯨
Agave titanota 'White Whale'
Fo-076 系（Sierra Mixteca）の代表的な選抜個体で普及の
進んだ人気種。刺の白さは抜群で、ボール状にも育てやすい。

チタノタ・白鯨
Agave titanota 'Hakugei ROUKA'
こちらはアガベ栽培家 ROUKA 氏が実生した白鯨。
Fo-076 系の良さがバランスよく表現されている。

■ ランチョ系

チタノタ・ライオンズメーン
Agave titanota 'Lion's mane'
肉厚の葉はパウダーブルーでやや立ち上がる。典型的なランチョ系
（Rancho Tambor）で、オテロイではないチタノタ。米ナーセリー
の選抜種で、鋸歯がライオンのたてがみを思わせるのでこの名が
つけられた。

チタノタ・ランチョタンバー
Agave titanota 'Rancho Tambor'
パウダーブルーの葉とフォルムはランチョ系
そのものだが、鋸歯はとりわけ厚く鋭いので、
Fo-076 系のような魅力もあわせ持っている。

チタノタ・ブラックアンドブルー
Agave titanota 'Black and Blue'
青肌に黒い鋸歯が映える人気の園芸種。
Kelly Griffin 氏がオアハカ州の Tepitizonga
で採種したものがオリジナルと言われている
が、その後組織培養で普及した。肌色はラン
チョ系である。

67

チタノタ・ランチョタンバー
Agave titanota 'Rrancho tambor'
アイスブルーの葉は大柄で、マーキングもくっきり
浮かびあがり迫力がある。katoengei の加藤氏が実
生育成したもの。

チタノタ・ホワイトアイス・スムースエッジ
Agave titanota 'White Ice smooth edge'
肌はぬけるように白く、かつ滑らかだ。兄弟分のホワイトアイスは
鋸歯が目立つが、このタイプはその名のとおり葉縁がスムースで、
異彩を放っている。

■ 斑入り

スナグル・トゥース
Agave titanota 'Snaggle Tooth'
チタノタの鮮明斑とあって、デビューのときのインパ
クトも鮮烈だったが、いまもかわらず高い人気を保っ
ている。

チタノタ 'sp. No.1'・中斑
Agave titanota 'No.1' f.*variegata*
こちらは鮮明な黄色中斑入り。そもそも存在感ある
チタノタに斑が入るとゴージャスさが際立つ。

A.utahensis
ユタエンシス

シャープな葉と鋭い鋸歯でチタノタと並んで人気を集めるアガベ。属中もっとも北に分布する小型種で、自生地はユタ、ネヴァダ、アリゾナなどアメリカ合衆国南西部の標高1000-1800m。冬は積雪があり凍結する場所に生えている。4つの変種・亜種があり、基本種のユタエンシス・ユタエンシス（A.utahensis ssp.utahensis）のほかにネヴァデンシス（var.nevadensis）、エボリスピナ（var. eborispina）、カイバブエンシス（ssp.kaibabensis）がある。主に栽培されているのは、青磁炉の名があるネヴァデンシスと、エボリスピナで、どちらも鋸歯の強弱や、尖端の刺がねじれる陽炎型など多彩な芸がある。青磁炉とエボリは栽培下では混同されがちだが、そもそも両者の自生範囲は連続していて中間的なタイプもあり、明確な線引きは困難だ。分類学的には同一と見做す場合もあるが、昨今ではエボリの名でネヴァ型が売られていることが多い。

あまり目くじらをたてる必要はないが、特徴のよく出た植物という意味では、青磁炉の刺は焦げたような黒褐色で肌色も濃く、エボリの刺は象牙のように白く肌色もやや明るい。園芸家としてせっかく呼び分けるなら、特徴の出た植物を相応しい名前で楽しみたい。それ以外の2種、基本種のユタ・ユタは刺がやや短く地味に思われがちだが、ガッシリしたロゼットを作り野性的な魅力がある。カイバブエンシスはもっとも大柄で、剣先の刺は短く、分布域から"GrandCanyon Agave"と呼ばれる。いずれの種も寒さには強いが蒸れには弱く、とくに滞留水が高温になると根傷みしやすい。自生地は水はけと風通しの良い岩場で、そうした環境を作れれば夏の暑さそのものは問題ない。近年、エボリや青磁炉は商業目的の採集で自生地が脅かされているとのことだが、種子からじっくり時間をかけて育てるのも園芸の醍醐味だ。

エボリスピナ
Agave utahensis var. *eborispina*
Nevada USA
象牙のような白い刺で武装したエボリスピナ。突き抜けた白さはエボリの真骨頂だ。コロニー全体がほぼこの刺色である。

Photo: Jeremy Spath

エボリスピナの花
Agave utahensis var. *eborispina*
鈴なりのレモンイエローの花が美しい。
もちろん咲いた親株は枯れてしまうが、
一部は自家受粉でも結実するし、仔も残
してくれる。

ユタエンシス・エボリスピナ
Agave utahensis var.*eborispina*
SE California and SW Nevada

その名の通り象牙色（ebori）の刺が目にも鮮やかな
アガベで、まさに貴品の名にふさわしい。ロゼッ
ト1頭の径は30cmくらいまでで、分布域は、var.
nevadensis よりも北寄りのカリフォルニア州、ネヴァ
ダ州。ラスベガス周辺にもコロニーがある。鋸歯は
鋭くときに連続し、尖端は長く突出し捻れるものも
あり、実に表情豊かだ。栽培では水が多いとロゼッ
トが広がりやすい。典型的な「エボリの山」では、
大半が前ページの自生地株のような刺色の個体ばか
かりである。写真の標本は葉端の刺が極めて長い
タイプで、自生地採取の種子から出現したもの。

エボリスピナ '陽炎'（自生地）
長い刺先がねじれ、ゆらめく陽炎のような
姿になることから「陽炎」と呼ばれるタイ
プ。こればエボリだが、ネヴァにも存在する。
ユタエンシス系ならではの魅力。

Photo Jeremy Spath

Photo: Shabomaniac!

ユタエンシス・ネヴァデンシス（自生地）
Agave utahensis var.nevadensis
Clark Co. Nevada, USA
その名の通りネヴァダ州を中心に分布し、エボリとの中間的な顔も見られる。刺は黒や褐色が多い。写真の個体は単独だとエボリのようにも見えるが、個体群全体を見ると白刺は少なく、ここがエボリの山でないことがわかる。

ユタエンシス・ネヴァデンシス（青磁炉）
Agave utahensis var.nevadensis
エボリより昔から青磁炉の名で親しまれてきた。焦げたような黒刺が魅力。刺はエボリよりやや短い傾向があるが、陽炎タイプもあり多芸。

ユタエンシス・ユタエンシス
Agave utahensis ssp. utahensis
SW Utah, NW. Arizona
ユタエンシス系の基本種で、ユタ・アリゾナ州境を中心により北に分布する。尖端の刺は短めだが、青白いロゼットは獰猛で侮れぬ気配を放つアガベ。

71

A.victoriae-reginae
笹の雪

硬く肉厚な葉には鮮烈な白ペンキがのり、端然とした密なロゼットを形成する。周縁の鋸歯はないが先端部には硬く鋭い刺がある。古くからもっとも親しまれ栽培されてきたアガベのひとつだ。19世紀にイギリスの植物学者Thomas Moore が、ビクトリア女王に敬意をこめて名付けた。サイズの大小、葉幅、ペンキの濃淡など様々なタイプがあり、それに斑入りのバリエーションも加わって笹の雪だけで一大コレクションになる。自生地はメキシコ・チワワ砂漠の石灰岩地帯で、崖や岩場にとりつくように生えている。比較的寒さには強いが、成長は遅めで、植え替え時に根を整理すると下葉を枯らしやすい。筆者はなるべく根鉢をいかしてリポットしている。

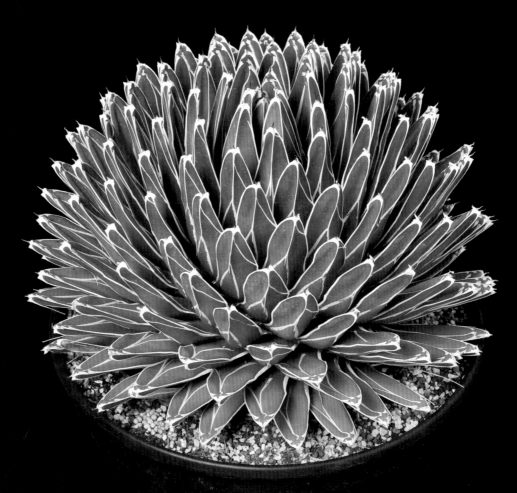

笹の雪
Agave victoriae-reginae
Coahuila, NuevoLeon, Durango,
Northwestern Mexico
数え切れない葉数を重ねながら下葉まで
しっかり美しい。笹の雪の真骨頂を発揮し
ている標本。タイプ云々だけでない、作り
の見事さにため息しか出ない。

姫笹の雪
Agave victoriae-reginae 'Hime'
「姫」と呼ばれる笹の雪にも色々なタイプがある。この個体は小さくてもがっしりした葉型と濃いペンキが印象的。

姫笹の雪（児玉）
Agave victoriae-reginae
大変コンパクトで、ペンキも美しい人気のタイプ。長野の多肉植物専門園・錦玉園の児玉氏（先代）の選抜個体。

笹の雪・コンパクタ
Agave victoriae-reginae 'compacta'
「姫」同様に矮性笹の雪の一型。葉幅が広くゆったりした表情を見せる。

笹の雪・アビーブルック（スーパーワイド）
Agave victoriae-reginae 'Abbey Brook Type'
葉幅が顕著に広く、別格の存在感がある。
笹の雪を親木にした交配種と考えられる。
「スーパーワイド」と呼ばれることも。

笹の雪・ヌーダ
Agave victoriae-reginae f.*nuda*
笹の雪の特徴であるペンキがほとんどなく、
ゆえに nuda と名づけられたと思しき選抜ク
ローン。

笹の雪・ビリディス（江隅）
Agave victoriae-reginae
ヌーダに似ているが黄緑に近い葉色が異彩を放っている。
笹の雪ではなく、笹吹雪とレチュグィラ（*lechuguilla*）
のハイブリッドとも言われる。この株は希代のコレクター
故江隅氏の蒐集品。

笹の雪・Ｄ型
Agave victoriae-reginae 'Dform'
葉幅が極端に広い矮性型で、中国で
作られたとも言われる。交配作出種
の可能性もある。

笹の雪・白覆輪（氷山）
Agave victoriae-reginae f.*variegata* 'Hyozan'
斑入りの笹の雪の中で最も美しい人気種。透明感のある
純白の斑が端正な姿を引き立てる。白斑は汚れやすいも
のが多いが、氷山はそれもなくいつまでも美しい。

姫笹の雪・黄覆輪
Agave victoriae-reginae f. *variegata*
笹の雪の黄覆輪は斑入りアガベの華と
いえる存在で、様々なタイプがある。
こちらは作り込まれた姫笹の雪の錦。

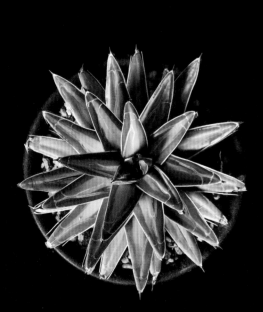

笹の雪・黄中斑
Agave victoriae-reginae f. *variegata*
こちらは葉の中央に斑が入る中斑と呼ばれる
タイプ。覆輪とはまた別の趣がある。

笹の雪・白虎斑
Agave victoriae-reginae f. *variegata*
美しい白斑が刷毛で塗ったように散る大変美しい笹の雪。
数多ある '笹' のなかでもきわめて稀少な名品。

A.xylonacantha
キシロナカンサ

キシロナカンサ
Agave xylonacantha
Northeastern Mexico
キシロナカンサには "Saw Leaf Agave" の愛称がある。
攻撃的でまさにノコギリのような鋸歯を持つ。ロゼットの展開もワイルドな貌つきのアガベだ。自生範囲は広くタイプも色々ある。寒さには強い方ではない。

キシロナカンサ・フロストバイト
Agave xylonacantha f.*variegata* 'Frostbite'
キシロナカンサの斑入りだが、フロストバイトの整然とした葉性は
典型的な本種とは異なり、あまり凶暴な気配はない。

キシロナカンサ 立葉タイプ
Agave xylonacantha
通常本種は葉を低く展開するが、この個体は明確な立葉で
別種のような趣がある。

A.zebra
ゼブラ

ゼブラ
Agave zebra
Sonora, Mexico Northwest
パウダーブルーの幅広の葉を展開する中型種。赤い
鋸歯が際立つ。葉にはパウダーの濃淡で縞模様が出
現しやすく、名前の由来になっている。写真は若苗
だが、その片鱗が窺える。

Hybrid and Cultivar
交配種と園芸種

ア　ガベには数多くの交配種・園芸種がある。野生株か
ら見出された特異な個体や実生から出現した変異
株、さらに交配によって作出されたものもある。本書では、
基本種と強く関係づけられる園芸種は、それぞれの種の
項で紹介してきた。この項では起源が明らかでないものや、
どちらかの親と必ずしも鑑賞ポイントが重ならないものに
ついて、まとめて掲載した。

ほとんどのアガベは生涯に一度しか咲かず、狙いすまして
交配することは難しい。一方で偶然の組み合わせから素
晴らしいハイブリッドが数多く生まれている。私たちが愛
培するアガベたちも、いつか花を咲かせて、生涯を終える。
しかしそのときこそ、まだ見ぬ新しい植物を世に送り出す
千載一遇のチャンスでもあるのだ。

ブルーグロー（A. attenuata × A. ocahui）
Agave cv. 'Blue Glow'
Kelly Griffin 氏作出の有名な交配種で、オカウィとアテヌアータの
ハイブリッド。両親の血を受け継ぎ、爽やかなグリーンの葉は細長
くスマートだ。エッジは黄色く彩られ、そこに極く細かな赤い鋸歯
がある。この黄色と赤の入り交じる感じがなんとも魅力的。ガーデ
ンプラントとしても広く栽培され、関東でも屋外越冬は可能なようだ。

スノーグロー（ブルーグロー錦）
Agave cv. 'Blue Glow' f. *variegata* 'Snow Glow'
ブルーグローに白の覆輪斑が入るタイプ。写真は中株だが、
大きく葉数が増えると地植えしても存在感がある。

グリーングロー
Agave cv. 'Green Glow'
ブルーグローの色変異で葉色は明るいグリーン。エッジの色彩が際立つ。

ブルーグロー極姫錦
Agave cv. 'Blue Glow' f.*variegata* 'Dwarf'
ブルーグローのドワーフタイプとされるもので、葉も短く詰まって別種のように見える。斑の入り方も美しい。

ブルー・エンペラー
Agave cv. 'Blue Emperor'
Kelly Griffin 氏作出による園芸交配種で、笹の雪とマクロアカンサが交配親とされている。

バーント・バーガンディ
Agave cv. 'Burnt Burgundy'
Greg Starr 氏が作出した園芸交配種。笹の雪とパルメリが親とされる。シャープなフォルムと赤いリーフマージンが印象的だ。

屈原の舞扇・黄覆輪
Agave cv. 'Kutsugen no Maiogi' f.*variegata*
屈原の舞扇は古くから日本で栽培されてきた園芸種で、ブルーの葉と長く鋭い葉端の刺が魅力的。*palmeri* ではないかという見方もある。この個体はその覆輪斑入り。

バーントバーガンディ・バリエガータ
Agave cv. 'Burnt burgundy' f.*variegata*
濃緑のシャープな葉を赤いエッジと覆輪斑が彩る美種。現在、バーントバーガンディとして国内で流通するのは写真のような比較的コンパクトな植物である。しかしこれはよく似た別の交配種ブルーエンバーないしブルーエンペラー（Blue Ember/Blue Emperor）ではないかという指摘もある。

Agave cv. 'Kissho Kan'
吉祥冠

美しい鋸歯に飾られた葉が端正なロゼットを形成する。径 30-40cm までのコンパクトな植物。日本では古くから広く栽培される美しいアガベで、起源には諸説あるためここに置いた。アメリカから他種に混じって導入され、その後日本で選抜された園芸種と考えられてきたが、ルーツの異なる系統もあるようだ。Jeremy Spath 氏は、Chiapas 州の *isthmensis* のタイプロカリティ植物こそが吉祥冠の起源ではないかと指摘している。氏が示す

Chiapas 州の自生地写真には吉祥冠そっくりの個体が写っているが、これはかつては *potatorum* の名をあてられていた個体群でもある。そう考えると吉祥冠に *potatorum* の名をあてるのも故ないことではない。本種は小さくまとめても大きく育ててもバランスが崩れず、なおかつ育てやすい。いまは 'Kissho kan' の名で世界中で愛されていて、斑入り種もとても美しい。寒さにはやや弱い。この項には、吉祥冠に近いと考えられるアガベもまとめた。

吉祥冠
Agave cv. 'Kissho Kan'
一枚一枚、丁寧に葉を重ねたようなロゼット。赤い鋸歯の縁取りに、つんと尖ったトップスパイン。吉祥冠にはアガベの魅力がぎゅっと詰まっていて、見飽きない美しさがある。

吉祥冠・クリーム覆輪
Agave cv. ʹKissho Kanʹ f. *variegata*
クリーム色の覆輪斑が入る吉祥冠。
白覆輪と呼ばれることもある秀麗なクラシックアガベ。

吉祥冠・デザートダイヤモンド
Agave cv. ʹDesert Diamondʹ
吉祥冠から生じたとされる黄覆輪斑の入った変異個体。
斑の入る面積が大きくゴージャスな印象。

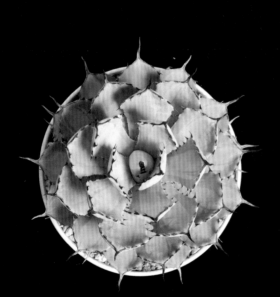

吉祥冠・季節冴中斑
Agave cv. ʹKissho Kanʹ f. *variegata*
季節により斑色が変化するのが季節冴え斑。
秋から冬にかけてより色彩が鮮やかになる。

吉祥冠・白中縞斑
Agave cv. ʹKissho Kanʹ f. *variegata*
白の中斑がグリーンの肌に冴える。
縞斑であるところも技が効いている。

吉祥冠・ブリーチドブロンド
Agave cv. 'Bleached Blonde'
成長点を中心に葉面全体に淡い黄色の
斑がのってくる。曙斑と呼ばれるもの。

キュービック
Agave cv. 'Cubic'
葉先がキューブ状（立方体）になる
ミュータント。*potatrum* の変異とさ
れることが多いが、特徴の近い吉祥
冠の変異個体と考えられる。

吉祥冠・ベイビーティース
Agave cv. 'Baby Teeth'
その名のとおり葉縁には赤ちゃんの
歯のように細かな赤い鋸歯が並ぶ。
吉祥冠から出た変異個体と言われる。

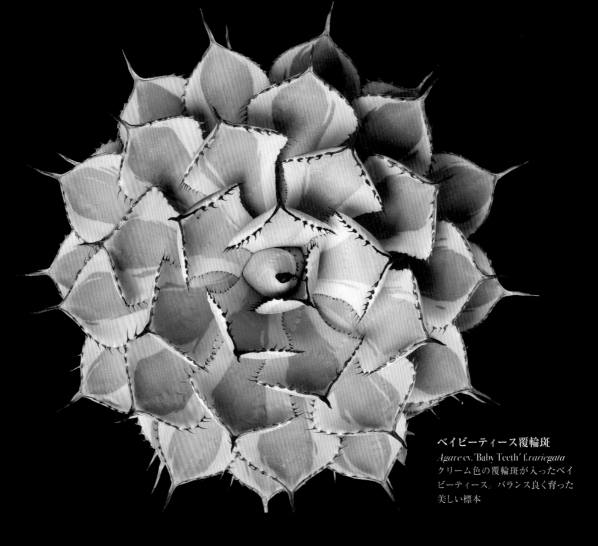

ベイビーティース覆輪斑
Agave cv. 'Baby Teeth' f. *variegata*
クリーム色の覆輪斑が入ったベイ
ビーティース。バランス良く育った
美しい標本

コポタ（姫吉祥冠）
Agave cv. 'Kopota'
アメリカ渡来の吉祥冠系コンパクトアガベ。
強刺肉厚で小さく美しくまとまる。

コポタ綴化
Agave cv. 'Kopota' f. *cristata*
アメリカ渡来の吉祥冠系の綴化。コポタとは別クローンにあ
たり、性質は安定していて、通常の型には戻りにくい。

Agave cv. Pumila

プミラ
Agave cv.'Pumila'
極く幅広の短葉がダルマ型のロゼットを
形成する異色の種。栽培の歴史は古い。
最近、笹の雪とレチュグィラの交配種
と見做されるようになったが、確かに両
者の特色を兼ね備えている。

Agave × arizonica

アリゾニカ（ナローリーフ）
Agave × arizonica
New River Mt, Arizona, USA
葉縁の赤いエッジがシャープな印象を与える美種。半世紀あまり前に
発見された自然交配種とされ、親は *chrysantha* と *toumeyana* と考
えられている。自生地では絶滅に近い状態。国内ではより葉幅の広い
タイプも栽培されているが、この個体は自生地の植物に近い。

アリゾニカ（旧来広葉）
Agave × arizonica
この個体の由来は原産地採取の広葉選抜個体で、
国内では以前から流通するタイプ。左のナロー
リーフとは系統と性質が異なると考えられる。

ニグラ

Agave × nigra
Sonora,Mexico

アガベ・ニグラは、笹吹雪（*nickelsiae*）とアスペリマ（*asperrima* = *scabra*）の自生地における自然交配種のなかから見出された。わずかにうねるザラ肌の葉がソリッドな印象を与える剛健なアガベ。成長は遅いが寒さにも比較的強く、屋外地植えにも適する。

シャークバイト（シャークスキンシューズ斑入り）

Agave ×saltilloensis f.*variegata* 'Shark Bite'

シャークスキンシューズはニグラ系の園芸種だが、こちらは、笹吹雪とレチュグィラ（*lechuguilla*）の自然交配種とされるサルチロエンシス（× *saltilloensis*）から選抜されたものという見解がある。シャークバイトはその斑入り。ニグラよりスレンダーに育つ。

シャークスキン

Agave cv. 'Sharkskin'

青みがかったサメ肌と直線的な葉を持つシャークスキンとして親しまれている典型タイプ。このくらいのサイズになると持ち味の重量感が引き立つ。寒さにも比較的強く野外地植えも可能。

Mangave / マンガベ

ンフレダ×アガベで「マンガベ（Mangave）」。アガベ属と、その近縁で別属とされていたマンフレダ属との属間交配で生み出された園芸植物群の呼び名だ。マンフレダ（Manfreda）は、アガベと同じメキシコなどに分布する植物だが、アガベに比べると葉が薄く、あまり多肉質ではない。またほとんどの種で葉面には赤褐色〜紫のドットがあり、これが観賞のポイントになっている。主に観葉植物的に扱われてきたが、アガベとの交配で、よりボリューミーなロゼットに独特のドットパターンが組み合わされた魅力的なハイブリッドが誕生し、多くのアガベファンを虜にして

きた。今世紀初頭に登場した'Bloodspot'を皮切りに、様々な組み合わせで交配が行われ、魅力的な植物が続々と増えている。実は、最近になって分類上はマンフレダ属がアガベ属に吸収され、マンフレダ属は消滅した。マンガベという呼び名の根拠も消えて、属間交配でもなくなった。とはいえ、旧マンフレダには独特の特色があったことも確か。「マンガベ」にも、他のアガベ交配種にはない魅力があることを、以下の標本群から感じとってもらえると思う。以下の標本紹介でも、Mangaveの名前を残した。栽培するうえでは丈夫なものが多く、案外耐寒性もある。

マンフレダ・ウンデュラータ・チョコレートチップ
Manfreda undulata (Agave undulata) 'Chocolate chips'
Tamaulipas,Mexico Northeast
まずはマンフレダそのものから。こちらはメキシコ原産のマンフレダの美しいドットを持つ選抜個体。いまはアガベだが、アガベとしては特異な姿である。これら旧マンフレダ属とアガベ属の交配によって多数のマンガベが生み出された。

マンガベ・ブラッドライン
Mangave 'Bloodlines'
リーフエッジにマンフレダのパープルドットがのった美種。マンガベの魅力が発揮された種。

マンガベ・ブラッドスポット
Mangave 'Bloodspot'
もっとも初期に登場したマンガベで、この姿が多くのアガベファンの心をつかみ、ひとつのジャンルを築く端緒になった。

マンガベ・デザートドラゴン
Mangave 'Desert Dragon'
マンフレダの香りを濃厚に残したマンガベ。
undulata ととても似ている。

マンガベ・ラベンダーレディ
Mangave 'Lavender Lady'
大柄で鋸歯の目立たない葉は、交配親とされるアテヌアータの
面影がある。パープル×シルバーでラベンダーを醸す美葉。

マンガベ・マンオブスチール
Mangave 'Man of steel'
細い剣のような葉を多数重ねたロゼットを作るマンガベ。

マンガベ プレイイングハンズ
Mangave 'Praying hands'
"祈る手"の名が示すように、アーティ
チョークのような独特のロゼットを作る。
この個性は一方の親 *ocahui* に由来する。

マンガベ・パープリシャス
Mangave 'Purplicious'
ブルー系アガベのような豪快な
ロゼット。ラベンダーグレーの葉は
紙やすりのテクスチャ。'Bloodspot'
をもとに作出されたという。

マンガベ・シルバーフォックス
Mangave 'Silver Fox'
アガベのような鋭い鋸歯をもつ整った
ロゼット。シルバーリーフの奥にはマ
ンフレダのパープルが覗く。

マンガベ・スポッテドポーキュパイン
Mangave 'Spotted porcupine'
ヤマアラシの名をもつ丹精なロゼットのマンガベ。
パープルスポットもひときわ美しい。

マンガベ・トゥースフェアリー
Mangave 'Tooth-fairy'
狂暴な気配の鋸歯が目立つマンガベ。
アガベにも負けない荒々しさがある。

87

アガベマイトの発見

大切なアガベの葉が汚くなる … 長年、アガベに被害をもたらす害虫といえばスリップス（アザミウマ）による吸汁被害とされてきましたが、十数年アガベを育ててきて、アザミウマがアガベに群がっているところを目撃したことがありません。しかしアガベには確実に害虫の仕業と思わ れる被害が出ます。油染みのような症状から茶色い錆状の筋、鋸歯が極端に弱くなったり。そのたびスリップス駆除に効果があるとされる農薬を様々試してきましたが、症状は治まらず、これはスリップス被害ではないのではないかという思いが強くなりました。

アガベマイトの被害株

白いホコリのようなものがアガベマイト

そうしたなか、2012 年発行の【Cactus and Succulent Journal VOLUME84　NUMBER 6】に、"Operation Mite!" という記事を見つけました。【Agave mite（アガベマイト）】、直訳すると " アガベダニ " について書かれています。園芸でよく見るハダニではなく Eriophyoid mite（エリオフィオイド）というフシダニの一種ということが分かりました。特徴は何と言ってもその小ささ。成虫でも体長約 0.3mm、幅約 50 ミクロン（0.05mm）程度のうじ虫状で 4 本足、肉眼では目を凝らしてようやく動いてるのが確認できるか程度です。卵に関しては約 20 ミクロン（0.02mm）ということで実体顕微鏡で見ないとまず見えないサイズです。この情 報を知ってから毎日毎日アガベマイトを探していましたが、一向にその姿を確認できずにいました。そこで記事にあった海外でアガベマイト駆除に効果があるとされている農薬の成分「アバメクチン」、日本で登録がある農薬では「アグリメック」を試しました。すると散布の翌日、アガベの棘の先端に白いホコリのようなものが付着しています。もしやと思い目を凝らして観察していると、なんとその白いホコリのようなものが動いているように見えました。詳細な形を確認するために 60 倍率のスコープを使い確認したところ、記事に載ってきたアガベマイトの成虫そのものだと確信できました。

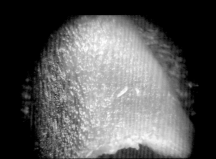

アガベマイトの駆除方法

　アガベマイトはアガベの葉の表層にもいるようですが、表層のマイトはアグリメック (殺ダニ剤) で比較的簡単に駆除出来るようです。しかし問題はアガベのセンター部分の巻いた筒の中に農薬が届かない事です。被害のあるアガベは、葉と葉の非常に狭い隙間にマイトが入り込んでいます。表面に被害が出ていなくても、深部に幼虫や卵があると、農薬をいくら散布しても、後で被害が出てくるので、茶色の筋や染みのような傷がなくなる部分まで葉を切除し農薬を散布してやれば確実です。

前述の【Cactus and Succulent Journal】に記載されている有効な農薬成分で、全ステージ（成虫・幼虫・卵）に効果があるとされているものは、アバメクチン・クロフェナビル・フェンピロキシメート。日本ではアグメリック、コテツフロアブル、ダニトロンフロアブルなどが対応します。すべて試した訳ではありませんが、アグリメックが効果を一番実感できています。市販の家庭用殺虫スプレー「花いとし」もアガベマイト駆除に効果があります。

アガベマイト被害から回復した株

患部切除で回復したチタノタ

◆　　　◆　　　◆

　アガベマイトに羽はありませんが近くの株には移ります。春になり気温が上がってきてアガベの状態が上がってくるとアガベマイトも活発になり突然被害が出てきます。冬場の低温期はあまり被害を出しませんが、葉の深部で越冬するようです。古くからアガベのアザミウマによる被害というのは言われてきましたが、実は大部分がアガベマイトの被害かと思います。アザミウマによる吸汁被害も多少はあるとは思います。両者の決定的な違いはその大きさです。アザミウマは幼虫でも 0.5mm 程度はあり成虫では 1mm を超えるサイズで目視で形までわかる 6 本足で羽のある昆虫です。そのサイズからアザミウマがアガベの葉の深部に潜ることはないと考えられます。葉が開いたときに

既に中に傷や染みがある場合や、展開前の葉の鋸歯がヒョロヒョロになって出てくる場合はほぼアガベマイトの被害だと考えていいでしょう。
私はこの症状がアガベマイトの被害だと確信するまでに長年悩まされ続けました。
この害虫はまだ日本では広く知られていません。分からないことも多く、駆除方法などもしっかりと確立はされていません。こちらの書籍から多くの方に認知していただき防除や駆除方法がより確立されていくことを切に願います。これにより少しでもアガベの害虫被害で悩む方が少なくなりますように。

column /02　Agave Landscaping　アガベの植栽

複数のアガベを立体的に地植えすることで、砂漠の風景を創作する。最近はドライガーデンの主役にもなっているアガベだが、これだけのスケールで並ぶと圧巻というほかない。pen pen gusa（@penpengusa8783）さんのグリーンハウス。

アガベの植栽ならハウス内だけなく屋外にも展開可能だ。大型種は地植えすることで自由に根をひろげ、本来の豪快な姿を見せてくれる。カトーエンゲー（@kato_engei）さんの圃場にて。

Chapter 2

アロエ

Aloe and It's relatives

ピランシー
Aloidendron pillansii
Richtersveld RSA
果てなき原野に立ち尽くす巨人は、孤独な存在でもある。自生地の成木の個体数は数百まで減少した。

Photo Kaoru Sano

ALOE／アロエ　　苦い記憶と蘆薈の本懐

　アロエと入力してインターネットを検索すると、健康や美容というワードがサジェストされ、化粧品から飲料食品、サプリまでありとあらゆるものが画面に並ぶ。だが、鉢植え植物はそのごく一部でしかない。逆に言えばこれほど幅広く様々な形で親しまれている植物は他にあまりないだろう。

　筆者が子どものころ、アロエ・アルボレスケンス（Aloe arborescens）は「医者いらず」の名でどこの家の庭先にもあった。火傷などをすると祖母が縁側の「医者いらず」の葉を折ってきて、透明で美しいゼリー状の葉肉を塗ってくれたものだ。とても綺麗なので、ためしにちょびっと葉を嚙ったらびっくりするほど苦い。顔をしかめる私に祖母は「苦いのが効くんだよ」と言ったものだ。アロエの葉には苦み成分であるアロイン（Aloin）や、ねばねばしたムコ多糖類など多くの“薬効成分”が含まれていて、その利用は紀元前のエジプトにまで遡り、旧約聖書にも登場する。日本への渡来は江戸時代と考えられていて、貝原益軒の「大和本草」にも「蘆薈（ロカイ）」の名で記載されている。最近はアルボレスケンスに代わって大柄で肉厚なヴェラ（A.vera）が世界の暖地で栽培されていて、薬や化粧品、ヨーグルトなどの食材まで様々活用されている。これほど人との交わりの歴史が深いアロエだが、その薬効成分などについてはいまも未解明の部分があり、なかには有毒な種もある。慣れ親しんだ「医者いらず」も皮膚に直接塗ると、人によっては炎症などを起こすことあり、十分な知識がないまま活用することは控えた方がよい。

　植物学の世界でアロエの名を立てたのは、アガベと同様にリンネ（Carl von Linné）で、アラビア語で苦みを意味するalloehに由来するとされる。分類上はツルボラン科（Asphodelaceae）に属する単子葉植物で、600種近くが認められている。同じツルボラン科のハオルチア属（Haworthia）、ガステリア属（Gasteria）や、ブルビネ属（Bulbine）などとは兄弟のような関係にある。その特徴には共通点も多く、かつてはみなユリ科に置かれていた。現在これらが属するツルボラン科はキジカクシ目の傘下にあり、その点ではアガベとも近い関係にある。また、アロイデンドロン属やクマラ属など、近年アロエ属から分離されたものもあるが、本書には園芸的な観点から収容した。

　アロエの仲間には、高さ10mを超える巨木に育つものから、手のひらに収まる小型種まであって、およそおなじ仲間とは思えないほどバラエティに富んでいる。ただ、大半の種は乾燥した環境に適応した多肉植物で、肉厚の葉を互生ないしロゼット状に展開する。葉面にはストライプやスポット状の紋様を生じたり、葉縁にはアガベ同様鋸歯（teeth）が並ぶものもある。色彩はとりわけ多様

で、濃緑から黄緑、スカイブルー、さらに季節変化で赤やオレンジに染まるものもあり、実にカラフルだ。みずみずしい透明感のあるものは、日光に透かしてみると別の美しさが楽しめる。花はロゼットの中央付近から花茎を伸ばして、オレンジ、イエロー、ピンクなどカラフルに咲く。葉の魅力だけでなく花の美しさも栽培の動機になり得るだろう。

　アロエ属の植物はアフリカ大陸のほぼ全域に分布しており、その大半は熱帯の乾燥地だ。多様性の宝庫といえるのは南アフリカで、長年栽培家に親しまれてきた種の大半がこの地域に産する。一方で、東アフリカやマダガスカル、さらにアラビア半島などにも魅力的な植物が多くあり、最近はこうした種の愛好家も増えている。本書では、これまでの書籍などで紹介が少ないアラビアンアロエについてもピックアップして掲載した。

　栽培するにあたっては、それぞれの種の自生地における生育環境を参照することが基本だが、概して丈夫な植物である。一部のデリケートな種をのぞけば、日当たりのよい環境で春から秋まで、適度に水を与えれば順調に育つ。大型種や強健種では、地植えしたり大鉢植えにすると成長速度が一気にアップする。一方で、株径ギリギリの鉢に植えて、何年も植え替えせずに育てると、盆栽的に詰まった姿になるので、これも園芸的には面白い。寒さに対する耐性はアガベよりは弱く、霜にあたると枯れないまでも葉を傷める種が多い。長年庭先で越冬してきた医者いらずが、昨今の猛烈な寒波で枯れてしまった、という話も聞く。ベランダなどで周年管理することもできるが、できればハウスや温室で育てる方が安心だ。

　アロエの殖やし方は、仔吹きする種も多いので栄養繁殖が一般的だが、アガベのように開花すると枯れるということもなく結実性も悪くないので、種子から育てるのも楽しい。信頼できるソースから種子を得て育成すればその植物の生育サイクルや個性もよくわかり、栽培法を自然に会得できる。また、熱心なマニアは交配による園芸種の作出にも取り組んでいる。育種によって生来の豊かな色彩に一層磨きがかかる。

　不思議なのは、これだけ多様なアロエの仲間なのに、鉢を並べて眺めていると、どれも確かにアロエなのだと合点がいくことで、家族のようにまとまりよくひとつの風景になる。なぜかと考え巡らせたとき、アロエの葉は、ゴツゴツと刺だらけのものも、滑らかでカラフルなものも、みな内側は透明でみずみずしいゼリー状の葉肉で満たされていることに思いあたる。その葉肉の苦みこそが数千年の長きにわたり人とこの植物を結びつけてきたものでもある。色も形も佇まいもことなる数多の蘆薈たちだが、その本懐は人の近くに寄り添うところにあるのかも知れない。

クラビフロラ
Aloe claviflora
on the road form Upington to Springbok
本種の群生はキャンプファイヤーに例えられることがあるが、
まさにそんな雰囲気のワイルド個体。

Photo Kaoru Sano

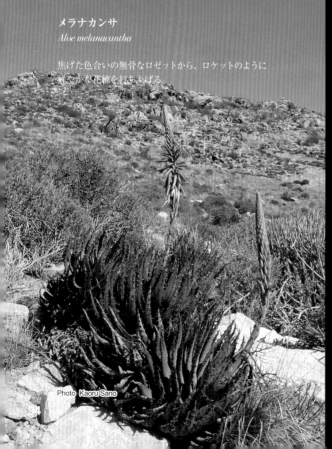

メラナカンサ
Aloe melanacantha

焦げた色合いの無骨なロゼットから、ロケットのように
鮮やかな花穂をまちあげる。

Photo Kaoru Sano

ラモシシマ（ラモシシムム）
Aloidendron ramosissimum
Goegap Nature Reserve,RSA
兄弟種に比べればコンパクトで、maiden's quiver
tree（乙女のクイバーツリー）とも呼ばれる。

Photo Kaoru Sano

ヘレロエンシス
Aloe hereroensis
Namibia
荒野を鮮やかに彩る原色の花。
アロエの花は目を惹くカラフル
なものが多い。

©アフロ

ディスタンス
Aloe distans
Cape Provinces,RSA
小ぶりのロゼットを多数分枝して
マウンド状に育つ。南アフリカの
田園風景。

Photo Kaoru Sano

ピアソニー（ペアルソニー）
Aloe pearsonii
W Cape RSA
自生地では干ばつで個体数が
減少しつつあるという。

Photo Kaoru Sano

96

フラメシー
Aloe framesii
Goegap Nature Reserve,RSA
太陽に炙られ赤く色づいた葉が目に刺さる。
幹の下部までびっしりと枯れ残った葉が異彩
を放っている。

Photo Kaoru Sano

ディコトマ
Aloidendron dichotomum
Goegap Nature Reserve,RSA
樹木としての圧倒的な存在感。
この植物をアロエの仲間だと言っ
ても信じない人も多いだろう。

Photo Kaoru Sano

幹肌のテクスチャも独特だ。
ただの樹木ではない。

Photo Kaoru Sano

カステロニアエ
Aloe castilloniae
Southern Madagascar
自生地ではこんな断崖に懸垂する
ように生えている。

Photo Matthew Maggio

ドゥファレンシス
Aloe dhufarensis
Jabal Samhan,Oman
骨のように白い葉をもつ
アラビアンアロエ。

Photo Marie Rzepecky

99

A.aculeata

アクレアータ（斑入り）
Aloe aculeata f.*variegata*
Botswana,Zimbabwe
典型個体は鬼切丸のように刺がいかつく、ほぼ無茎のアロエ。
この個体は比較的スマートで白の刷毛斑が涼しげだ。

A.albida

アルビダ
Aloe albida
Northern Prov.,Eswatini(Swaziland)
"Grass Aloe（草アロエ）" と呼ばれる仲間で、霧の多い山地の
岩場などを好む。白く小さいハオルチアのような花を咲かせる。

A.albostriata

アルボストリアータ
Aloe albostriata
Central Madagascar.
細長く肉厚の葉には白いストライプが入り、透明感があって瑞々しい。
イビティエンシスの細葉型とされるものは本種と思われる。

A.albovestita

アルボベスティタ
Aloe albovestita
Djibouti, Somalia
ジブチ、ソマリア産の小型種で、葉面はパウダリーで独特
の色彩。標高 1500-2000m の疎林帯に分布する。

A.alooides

A.antandroi

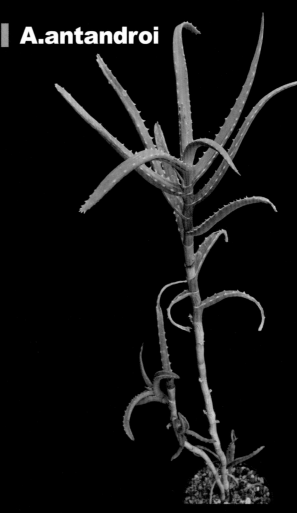

アローイデス
Aloe alooides
Mpumalanga,RSA
大きく茎立ちするアロエで高さ4mほどに達する。
鉢内でこのように抑えて育てることも出来るが、
大型種の片鱗が葉姿に窺える。

アンタンドロイ
Aloe antandroi
Mahafaly Plateau,Madagascar
低木状に育つ華奢な植物で、自生地では岩場を好み時に
倒伏する。当初はガステリア属として発表された。種小
名は自生地に暮らしていたアンタンドロイの人々に由来。

A.arborescens

アルボレスケンス（キダチロカイ斑入り）
Aloe arborescens f. *variegata*
Botswana,Malawi,Mozambique,Zimbabwe and RSA
アロエといえば多くの人が本種を思い浮かべるだろう。
「医者いらず」の別名もあるが、日本をふくめ世界各地で
栽培され様々な民間療法に利用されてきた。昨今はベラ
（*A.vera*）に取って代わられつつある。丈夫で栽培しやす
く、国内暖地では屋外でも旺盛な群落を作っている。こ
の個体は斑入りで、鑑賞上も十分魅力的だ。

A.archeri

アルケリ（アーチェリー）

Aloe archeri

Nguruman Escarpment,Kenya

大地溝帯の西壁であるケニア・グルマン断崖の個体を
もとに Lavranos が 1977 年に記載した種だが、このタ
イプ標本は既に失われており、謎多き植物。

A.arenicola

アレニコラ（極楽錦）

Aloe arenicola

Cape Provinces,RSA

ぷっくりした葉にはドットが散りばめられ、匍匐する茎節が枝分かれしながら
小群落を作る。種小名には "砂の住人" といった意味があり、南ア～ナミビア西
岸の海岸砂丘に分布する。鑑賞価値はとても高い。日本名には錦がつくが、これ
には斑入りの意味はない。アロエ属の植物全般に、○○錦と呼ばれることが多い。

A.asperifolia

アスペリフォリア

Aloe asperifolia

Western Namibia

ナミビア原産の小型でほぼ無茎のアロエ、ブルーの
肉厚な葉が密なロゼットを作る美種。葉面には細か
なざらつきがあり、"Sandpaper Aloe" の名も持つ。

A.austroarabica

アウストロアラビカ

Aloe austroarabica

Saudi Arabia, Yemen

通常は単頭で無茎のアラビアンアロエ。若苗・新葉のドット模様は
成長すると消失し互生していた葉もロゼット展開する。1980 年代
から "Aloe sp. B" の名で知られていたが、2003 年に正式記載された。

A.branddraaiensis

ブランドレイエンシス
Aloe branddraaiensis
Mpumalanga,RSA
透明感のある葉は色濃く染まり複雑な紋様に彩られる。
ほぼ無茎で、若苗では葉が互生するが、長じるとロゼッ
トを展開する。比較的標高の高い地域に分布し、耐寒
性もある。

A.bussei

ブッセイ
Aloe bussei
Eastern Tanzania
高さ40cmほどの低木状に育つアロエで
葉は赤く色づき美しい。タンザニア固有種
で、自生地では疎林帯のなかで裸出した
花崗岩の岩場などに生えている。

A.cameronii

カメロニー（キャメロニー）
Aloe cameronii
Eastern Tropical Africa

高さ60cmほどまで立ち上がるアロエで、葉は通常鈍い緑色だが、季節変化で赤く染まるため "Red Aloe" とも呼ばれ、丈夫で育てやすいこともあって広く親しまれている。19世紀にいまのマラウィ（Malawi）で公社職員の Kenneth Cameron が発見した。その後キュー植物園ではなかなか開花せず、正式記載されたのは1903年だった。広範囲に分布するためタイプ差もあり、オリジナルのカメロニーがどこから来たのかは長年の謎だったが、2003年の調査でマラウィ南部のナマジ（Namadzi）であることが突き止められた。そこは150年以上前に発見者キャメロンが働いていたエリアであった。左写真は自生地。

Photo Obety Baptista

A.capitata

カピタータ（キャピタータ）
Aloe capitata
Madagascar

マダガスカルの高地草原などに分布する中型種で茎立ちし姿よく育つ。肉厚で大柄な葉はブルーと赤みが入り交じり独特の色彩で、刺が魅力的なアクセントになっている。基本種（*var. capitata*）のほか3変種（*angavoana/quartziticola/silvicola*）が認められている。マダガスカルアロエのなかでは耐寒性がある。

A.castellorum

A.castilloniae

カステロルム

Aloe castellorum
Saudi Arabia, Yemen
淡緑色の比較的細い葉を持ち、茎立ちする中型種。
標高 1500-2500m の山地に生えるアラビアンアロエ。

カスティロニアエ

Aloe castilloniae
Mahafaly Plateau, SW Madagascar
ロゼットは小さく、反りかえってカールするような
葉には強い肉刺が散らばる。オレンジの花もかわ
いらしい。分枝しながら株立ちとなり、鉢植えで
は様々なアレンジが楽しめる。2006 年に記載され
た新しい種だが、アロエ屈指のビザールプラント
として、あっという間に人気の頂点に立った。自
生地は石灰岩の崖で、懸垂するように生えている

この個体は肉刺が特に赤く
強く荒々しいタイプ。

A.chabaudii

チャバウディ

Aloe chabaudii
Botswana,Malawi,Mozambique,Tanzania,
Zambia,Zaire,Zimbabwe and RSA
グレーの葉を持ち高さ 50cm ほどになる中小型種。
花は赤く派手で美しい。分布範囲が非常に広く、
変異の幅も大きい。

A.chortolirioides

A.clarkei

コルトリリオイデス
Aloe chortolirioides
RSA,Eswatini(Swaziland)
細い葉を密生するグラスアロエで茎立ちする。
分枝して群生すると独特の姿になる。花は華やかで美しい。

クラーケイ
Aloe clarkei
SW Ethiopia
華奢な草体の小型アロエで高さ40cm くらいになる。
細い葉には白いドットがまばらに浮かび、白い鋸歯が
コントラストを作る。本種はエチオピアの人里離れた
山地で発見された。*Aloe friisii* に近縁とみられる。

A.classenii

クラッセニー
Aloe classenii
SE. Kenya
ほぼ無茎の小型種で、艶のある葉には
端麗なドットが浮かぶ。葉の地色はライ
ムグリーンだが、太陽光線や乾燥など
のストレスで、美しいバーガンディに色
づく。自生地はケニア南部で、タイプ産
地は Kizima rocks と呼ばれる岩山。

A.claviflora

クラビフローラ
Aloe claviflora
RSA,Namibia,
灰緑色の葉は細く多肉質で無茎のロゼットは
10頭以上に群生する。花序は上ではなく横に
這うように伸びる独特のもので、花があれば識
別は容易。

A.conifera

コニフェラ
Aloe conifera
Mont Rovotary,Madagascar
マダガスカル原産の小型種で、若い株
では肉厚の葉一面に刺がありワイルド
な印象。ブルーの葉はエッジや肉刺が
赤く染まり美しい。*capitata* に似るが
本種はほぼ無茎。肉質硬く成長は遅め。

A.compressa

コンプレッサ　シストフィラ
Aloe compressa var. *schistophila*
Central Madagascar
灰緑色の細い葉を二方向に展開（互生）し、
端正な扇状の葉姿になる小型種。シスト
フィラは基本種に比べコンパクトで鋸歯
が目立ち、鑑賞価値がある。

A.cryptoflora

クリプトフロラ
Aloe cryptoflora
East Central Madagascar
自生地はマダガスカルの標高1200-1500mで、
花崗岩の斜面に生えており茎は極く短い。葉
には艶があり、赤く色づきやすい。苞に半ば
包まれたような花を咲かせるので、"Hidden
Flower Aloe" の名がある。写真②の個体は本
種としては葉幅が広い。

クリプトフロラ②
Aloe cryptoflora

A.decurva

デクルバ
Aloe decurva
Mt. Zembe, Mozambique
長い葉が密なロゼットを作るが、茎は短くあまり立ち上がらない。葉は冬〜春にかけて赤く染まり美しい。自生地の名をとって "Mount Zembe Aloe" とも呼ばれる。

A.delphinensis

デルフィネンシス
Aloe delphinensis
Southeastern Madagascar
ごく細いひょろひょろとした茎に反り返った葉をつける小型種。グラスアロエ的な味わいの植物。自生地ではパキポディウム (*Pachypodium cactipes*) と一緒に生えているという。

A.deltoideodonta

デルトイデオドンタ・エソモニエンシス

Aloe deltoideodonta ssp.*esomonyensis (ruffingiana)*
Fianarantsoa, Madagascar

マダガスカル中南部の山岳地帯に分布するほぼ無茎の
小型種。幅の広い三角形の葉を重ねて独特のロゼット
を形成する。葉は緑、褐色、赤、と様々あり、葉面の
ドットパターンもあわせて多彩な顔を持つ。エソモニエ
ンシス含めて5つの亜種・変種が認められている。

デルトイデオドンタ・ファラックス

Aloe deltoideodonta var. *fallax*
Antananariv Madagascar

明るいグリーンの艶やかな幅広葉に細かいストライプ模様が入る。栽培下では
イビティエンシス（*Aloe ibitiensis*）とラベリングされていることが多いが、本
来のイビティエンシスはストライプのない *A.erythrophylla* に似た植物。

A.descoingsii

ディスコイングシー・アウグスティナ

Aloe descoingsii ssp.*augustina*
Toliara, SW Madagascar

アロエ属の最小種で、三角形の小さい葉を重ねたロゼットは
ハオルチアを思わせる。葉は濃緑〜赤褐色でドット模様が美
しい。アウグスティナは基本種よりさらに小さくロゼット径は
3cmほど。ドットパターンが目立つとされる。

A.deserti

デセルティ
Aloe deserti
S Kenya to NE Tanzania
茎立ちして低木状になる小型アロエで細い葉に散らばったドットパターンがアクセントになっている。この株は葉色も美しく染まって見事な美しさだ。

A.dhufarensis

ドゥファレンシス
Aloe dhufarensis
Oman, Yemen
陶磁器のように真っ白な肌を持つアロエ最美種のひとつ。ほぼ無茎だが大型の肉厚なロゼットはボリューム感があり、刺のない葉の白さと相まって存在感は群を抜く。主にオマーンに分布するアラビアンアロエ。若苗は葉にうすいドットパターンがあるが、次第に消えてゆく。

ドゥファレンシス×イネルミス
Aloe dhufarensis × inermis
S Kenya to NE Tanzania
ドゥファレンシスと同じくオマーンやサウジなどに分布するアラビアンアロエであるイネルミスとのハイブリッド。

111

▌**A.divaricata**

ディバリカータ
Aloe divaricata
Northwestern Madagascar
細茎のアロエだが、高さ 2m くらいまで伸びる。反り返った葉の周縁には赤い鋸歯が目立って美しい。マダガスカルの自生地では茂みのなかに生えることが多い。

▌**A.dorotheae**

ドロテアエ
Aloe dorotheae
Northeastern Tanzania
赤く染まるアロエの代表格で冬の寒さと乾燥で真っ赤に色づく。葉にはプラスチックのようなツヤがあり赤くなるとインパクトがある。横ひろがりに群生し径 50cm くらいのマウンドになる。葉幅の広い狭い、ドットの濃淡などタイプ差があり、色づきやすい個体とそうでない個体もある。寒さにも比較的強く丈夫でよく殖える。

A.downsiana

ダウンシアナ
Aloe downsiana
Eastern Ethiopia
マッコイとラブラノス（T.A.McCoy & Lavranos）が
2007 年に記載したエチオピア産のアロエ。自生地は
標高 2000m 以上。

A.droseroides

ドロセロイデス（近縁種？）
Aloe aff.*droseroides*
Central Madagascar
極く細く柔弱な葉には微毛が密生しており、モウセンゴケ（*Dorosera*）
を思わせることからドロセオイデスと名付けられた。マダガスカルの
中央高地に分布し夏の暑さは苦手。この個体は aff. と名札にあるが、
ドロセオイデスとほぼ同じに見える。

アロエ属

A.elata

エラータ
Aloe elata
S Kenya to N Tanzania
東アフリカに分布するアロエで丈高く育つ。
有毒であるとされる。そのためか記載されて
40 年近く経つのに栽培下では稀な植物。

A.eremophila

エレモフィラ
Aloe eremophila
Southern Yemen
標高 1200-2000 ｍの高原地帯で石灰岩の場所を好む
アラビアンアロエ。葉は若苗では互生するが、やがて
ロゼットを展開する。

■ A.erinacea

エリナケア
Aloe erinacea
Southwestern Namibia

ミントグリーンの硬く細い葉は、透明感のある強い肉刺で覆われていて、刺の尖端は焦げたように黒く色づく。最も人気のあるアロエのひとつ。標高1000m前後の非常に乾燥した場所に生えており、栽培下でも成長はとても遅い。比較的涼しい季節に動く。唐錦（*melanacantha*）の変種とされる場合もある。

■ A.fleurentiniorum

フレウレンチニオラム（エデンタータ）
Aloe fleurentiniorum (=A.edentata)
Southeastern Arabian Peninsula

濃緑色のむっちり肉厚な葉をうねるように互生させる存在感抜群のアラビアンアロエ。肉質は硬いタイヤのゴムのようで触感はわずかにザラつくが肉刺はない。葉はやがてロゼットになる。葉縁にはかすかに鋸歯がある。成長は遅いが頑丈な植物。後から記載されたエデンタータと呼ばれる植物もいまは本種に統合されている。

かすかに黄色い斑が入った個体。

A.gariepensis

ガリエペンシス（斑入り）
Aloe gariepensis f.*variegata*
Cape Prov. RSA, Namibia
単頭で育つことが多い小型種。葉面に緋模様の
ような白いパターンがある。数多くの魅力種が
散らばるアロエの黄金地帯、オレンジ川沿いの
砂地に広く分布する。この個体はその斑入り。

A.haggeherensis

A.hardyi

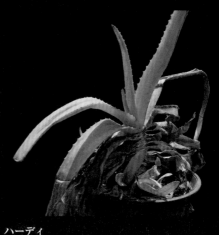

ハッゲヘレンシス
Aloe haggeherensis
Hajhir Mountains Socotra
明るいグリーンの葉が美しくカーブする。2007年にMcCoy & Lavranos
が記載したソコトラ島産の新しい種。Aloe perryiと近い関係にあると
考えられる。

ハーディ
Aloe hardyi
Mpumalanga RSA
はじめ互生、のちロゼットになる小型種で、自生地では
崖面から懸垂するように育つ。栽培下でもその傾向は顕
著で、成長すると直立せず葉が垂れ下がるので、懸崖仕
立てにするのも面白い。

A.hazeliana

ハゼリアーナ・ホウマニー
Aloe hazeliana var. *howmanii*
Chimanimani Mt. Zimbabwe and Mozambique
長い葉を互生させながら茎を伸ばし、分枝して房状に育つ。
自生地では崖から垂れ下がるように生えていて独特の個性
をもつアロエ。細い葉は瑞々しく美しい斑点模様があり、
冬期には赤く色づく。花も良く咲かせ、寒さにも比較的強い。
長年独立種だったが、近年ハゼリアナの変種になった。

冬期は葉が真っ赤に
染まるが、透明感が
あってとても美しい。

A.hemmingii

ヘミンギー
Aloe hemmingii
Northwestern Somalia
光沢のある葉には明瞭なドットパターンが流れるように
散りばめられる。ロゼット径 20cm 程度の小型種で、ソ
マリエンシス（*A.somaliensis*）とよく似ており、栽培下
でもしばしば同一視されているが、草体も花序も本種の
方が小さい。

A.hijazensis

A.hoffmannii

ヒジャゼンシス
Aloe hijazensis
Saudi Arabia
2000 年に Lavranos らによって記載されたが、いまはそれ以前から
知られていた *A.castellorum*（本書既出）のシノニムという見方が
ある。双方の標本には微差もあるためそれぞれを掲載した。若苗
は明緑の葉を赤く細かい鋸歯が彩り美しい。

ホッフマンニー
Aloe hoffmannii
Central Madagascar
マダガスカルのイトレモ山地（Itemo Mt.）で見つかった
アロエで、2002 年に記載された。肉厚でひも状（棒状）
の葉には縁どるように鋸歯があり、葉数の少ないロゼット
を作る。自生地では個体数が少ない。

A.imalotensis

イマロテンシス
Aloe imalotensis
Central and SE Madagascar
幅広の三角形の葉は内側に巻き込むようにカーブする。周縁には
細かな鋸歯がある。葉はストレスでピンク～オレンジに色づき美
しい。自生地マダガスカルでは標高 800 m 程の開けた草地に生え
ている。寒さには弱い。

イマロテンシス・ロンゲラケモーサ
Aloe imalotensis var. *longeracemosa*
Central Madagascar
基本種より標高の低い場所に分布し、葉面には
斑点模様を生じることが多い。近似するデルト
イデオドンタ（*deltoideodonta*）とは交配も行わ
れていると見られ区別は難しい。

A.inermis

イネルミス
Aloe inermis
S Saudi Arabia to W Oman
種小名が表すとおり葉面に鋸歯はなく、
のっぺりと滑らかだ。高さ60cm ほどの
木立状に育つ。ほぼ無茎のフレウレン
チニオルム（*A.fleurentiniorum*）とは
近縁と考えられている。

A.irafensis

イラフェンシス
Aloe irafensis
Jabal Iraf Yemen
二対の硬質な葉を積み重ねるように育ち、小型種なのに
不思議な重量感を醸し出す。独特の暗色肌に浮かぶ白い
ドットパターンは幻想的で、アラビアンアロエのなかで愛
好家に最も渇望されている種のひとつ。自生地はイエメ
ン・ジャバルイラフ（Jabal Iraf）の標高1200mほどの傾
斜地で、霧がしばしばかかる。

A.jawiyon

ジャウィヨン
Aloe jawiyon
Socotra Yemen

ソコトラ島の固有種で、幅広の葉を重ねて低い
ロゼットを形成する。肌色はブロンズがかった
明るいグリーンで、環境で微妙に変化する。ソ
コトラ語で "je'awiyon" と呼ばれることから、こ
の種小名を得た。同じエリアに分布するペリー
(*A.perryi*) とは共通点がある。

A.karasbergensis

カラスベルゲンシス（烏山錦）
Aloe karasbergensis
Namibia to NW Cape RSA

ブルーグリーンの幅広かつ肉厚の葉はむっちりとして肉刺がなく、ゆったりと
うねりつつ大柄なロゼットをつくる。短茎で高さは 30cmほどだが迫力がある。
葉面にはバーコードのような独特のストライプ模様が入り、ストレスで赤みが
さすとパープルピンクに染まる。最美のアロエと讃えられることもあるが、顔
ける。かつてはよく似たストリアータ（*A.striata*）の亜種とされていた。

カラスベルゲンシス・モンストローサ
Aloe karasbergensis f.*monstrosa*

累々と仔吹きするカラスベルゲンシスのモンスト。植物体は
小柄だが、ストライプ模様が本種らしさを残している。

119

A.krapohliana

デュモウリニーの花

クラポリアーナ・デュモウリニー
Aloe krapohliana var. *dumoulinii*
NW. Cape Prov. RSA
青みの強いむっちりとした細葉が上方に巻き込むようなロゼットを
形成する小型の美種。基本種（*A.krapohliana* var. *krapohliana*）
よりもコンパクトで栽培植物としてはより魅力的。ケープアロエの
なかでも強い冬成長型で、栽培でも冬期に元気。

A.labworana

A.laeta

ラブウォラナ
Aloe labworana
Sudan to Uganda
ほぼ無茎の小中型種。葉は最初立ち上がり気味に伸び、次第に
反り返る。葉面には星空のように白い水玉が散る。本来は明る
いグリーンだが、寒さや乾燥などで真っ赤に色づくとひときわ美
しい。種小名は自生地であるウガンダの Labwor Hills から来て
いる。熱帯アフリカ産であるが、比較的寒さに耐える。

ラエタ
Aloe laeta
Central Madagascal
マダガスカル・イビティ山塊原産の稀少アロエ。幅広な三角形の葉は
灰緑色で周縁には細かな鋸歯がびっしりと並ぶ。無茎でロゼット径
20cm 程の小型種だが迫力がある。昭和の時代から栽培にクセがある
アロエとして名高い。自生地は標高 1600-2200m の霧のかかる岩場で、
日本での栽培では酷暑期に元気がなくなる。成長は遅め。

A.lavranosii

ラブラノシー
Aloe lavranosii
Southern Yemen

ほぼ無茎だが葉幅15cm 葉長 50cm にも達する。
灰緑色のマットな質感の葉は環境で微妙に色づき
（幼時は斑点がある）、鋭い鋸歯もあって迫力ある
姿になる。アフリカやアラビア半島を中心に活躍
した偉大な植物研究者ジョン・ラブラノフ（John
Jacob Lavranos）の名を種小名に戴いている名品。
チューブに毛が密生した特異な花を咲かせる。

A.lensayuensis

A.lineata

レンサユエンシス
Aloe lensayuensis
Northern Kenya

ケニアのマルサビット山塊（Marsabit massif）原産のアロエで、
茎立ち、分枝して 1m 足らずの低木状に育つ。明緑色の細く尖っ
た葉には目立つ鋸歯がありドットが散る。この個体は日本の冬を
越えて美しく色づいている。

リネアータ
Aloe lineata
Cape Prov. RSA

ロゼット径は 30cm ほどで茎立ちし高さ 2 m ほどに
育つ。端正なロゼットは黄緑色でストライプ模様が
入る。鋸歯は赤い。比較的寒さに強いので、日本で
も暖地で水はけのよい環境であれば屋外で越冬で
きるかも知れない。

A.longistyla

ロンギスティラ（百鬼夜行）
Aloe longistyla
Cape Prov.,RSA
ロゼットの径は 10-20cm、ほぼ無茎で通常単頭の小型種。
葉の色は美しいブルーグリーンで、多数の白い肉刺に飾られる。コーラルピンクの花はロゼットサイズに比して大きい。成長の遅い種で、夏降雨地帯に分布するが甚だしい暑さは好まず、人が心地よい季節に動く

A.lutescens

ルテセンス
Aloe lutescens
Zimbabwe to Limpopo
短茎で硬い葉をもつアロエで、南アフリカ北東部から
ジンバブエにかけて分布する。若苗は葉が互生するが、
やがてロゼット展開する。赤い蕾が開花時に黄色に変化するため、lutescens（黄色い）の名が与えられた。

A.lukeana

ルークアナ
Aloe lukeana
Sudan to Uganda
高さ 1.5m ほどに育つ中型種。鋸歯のある葉は断面が
U字型に湾曲する（溝状になる）。ウガンダのモルンゴル山（Mt.Morungole）で発見され、2015 年に記載された種。種小名は事故死した発見者の弟に捧げられたもので、Luke's aloe とも呼ばれる。

A.macrosiphon

マクロシフォン
Aloe macrosiphon
Eastern tropical Africa.
艶のある細めの葉のアロエで、ほぼ無茎。しばしば子吹きして
群生となる。深みのある色彩で流れるようなドットパターンがあり、季節変化でブロンズに色づいて美しい。

A.mahraensis

A.marlothii

マルロシー（鬼切丸）
Aloe marlothii
Botswana to KwaZulu-Natal RSA

迫力ではアロエ随一の人気種。荒々しい肉刺に覆われた硬く肉厚で頑丈な
ロゼットは、やがて幹立ちし高さ5mに達する。概ね単幹で丈高くなると刺
は減少する。これは食害のリスクが低減するためと言われる。庭植えしたく
なる佇まいだが、寒さには強くないので屋外栽培で度々霜にあてると枯れて
しまう。

マーラエンシス
Aloe mahraensis
Southern Yemen

白く陶磁器のような肉厚な葉は肉刺を欠き、同じアラビアン
アロエのドゥファレンシス（*A.dhufarensis*）とよく似ている。
ラブラノス＆マッコイ（Lavranos&T.A.McCoy）が2002年
に記載した種。

A.mawii

マウィ
Aloe mawii
Tanzania,Mozambique.

美しい赤に染まるアロエの筆頭格。高さ2m近く
まで育ち、分枝して小灌木状にもなる。産地違い
でマラウィフォーム（Malawi Form）とモザンビー
クフォーム（Mozambique Form）の二型が知られ
ており、前者はあまり分枝せず高く伸びるのに対
し、後者は低い位置で分枝して群生しやすい。強
い日ざしや寒さ、乾燥などの条件で色づくので、
日本の栽培下では春先にいちばん美しく発色する。

A.mcloughlinii

マクログリーニー
Aloe mcloughlinii
Ethiopia,Djibouti

ツヤ肌に流紋のいわゆる"ソマリエンシス系"
アロエだが、よく似た種やそれらの交配種もあ
るため識別は難しい。マクログリーニはエチオ
ピアからジブチが故郷で、この仲間としては葉
が長く、ロゼットも比較的大きく育つとされる。
本来の肌色は明緑色だが、季節変化でこのよ
うな美しいダークチェリーにも染まる。

A.melanacantha

メラナカンタ（唐錦）
Aloe melanacantha
Cape Prov.RSA

細い葉は内巻きにカールしロゼットを形成する、
葉には黒く目立つ肉刺があり特徴的だ。ほぼ単頭
で無茎とされるが、この標本のように長く育てる
とわずかに立ち上がる。エリナケア（*A.erinacea*）
は本種の亜種とされることもある。本種もエリナ
ケアも成長が遅く根が丈夫ではない。

A.monticola

モンチコラ
Aloe monticola
Northeastern Ethiopia

エチオピア・ティグレ地方産のアロエで、記載は1957年だが、
栽培普及はしていない。葉の上面はU字型にやや凹み赤い鋸歯
が目立つ。葉面のドットパターンは、ほぼないもの、この個体
のように散らばるもの、と個体差があるようだ。

A.montis-nabro

A.mossurilensis

モッスリレンシス
Aloe mossurilensis
Mozambique

モザンビーク・モスリル地区（Mossuril district）の海岸の岩場に生え、藪状に茂る。葉面には緋模様のような紋様が入り美しい。まだほとんど知られていない稀少種。生育すると葉は写真の個体よりもかなり長く伸びるようだ。スッフルタ（*A.suffulta*）との共通点が指摘されている。

モンティス・ナブロ
Aloe montis-nabro
Eritrea

2014年に記載されたばかりのエリトリア産の新しい種。細長く艶やかな葉には流れるようなドットパターンが散り、葉をくねらせるようにロゼットを形成する。"ソマリエンシス系"のアロエだが、クモヒトデのようなロゼットで異彩を放っている。

A.omavandae

A.niensiensis

ニエンシエンシス
Aloe niensiensis
Tanzania

タンザニアのニエンシ（Niensi）で発見され2015年に記載された新しい植物で、まだ流通も栽培数も少ない。暗色の葉は三角形で流紋が散る。ブッコバナ（*A.bukobana*）に近い植物と目されている。

オマバンダエ
Aloe omavandae
Baynes Mt. Namibia

灰緑色でマットな質感の葉を持つアロエ。ナミビアのベインズ山脈（Baynes Mt.）で、ほぼ垂直に切り立った崖からぶら下がるように生えている。鉢栽培でも長じると直立せずに倒伏しやすくなる。

A.parvula

パルブラ（女王錦）
Aloe parvula
Central Madagascar.
ほぼ無茎の小型種で、細く頼りなげな葉には微細な肉刺があり、毛羽立って見える。マダガスカル中央部のイトレモ山塊（Itremo Mt）の標高 1000-2000m の場所で岩の隙間などに生える。古くから栽培されているが絶滅危惧種でもある。日本の蒸し暑さは苦手だ。花も珊瑚色で美しい。

A.peglerae

ペグレラエ
Aloe peglerae
Northern Prov. RSA
無茎の小型種で、ブルーグリーンの葉は内巻きにカーブしてやがてボール状のロゼットを作る。葉の周縁と外側の面に刺を生じる。冬咲きの花は赤い試験管ブラシのようで美しい。丈夫で育てやすい。

A.pearsonii

ピアソニー（ペアルソニー）
Aloe pearsonii
SW Namibia, W Cape RSA
リフタスフェルト（Richtersveld）の風景に欠かせない植物の一つ。三角形の葉を積み重ねながら茎は上へと伸びる。古い葉は下向きにカーブしつつ落ちずに残るので瓦を積み重ねた塔のような独特の立ち姿になる。100 年以上生き、高さ2m 近くまで伸びる。自生地では陽光と乾燥で植物体が赤く染まることが多く、インパクトがある。アロエの中では繊細で、過湿だと根腐れしやすい。

A.perfoliata

ペルフォリアータ（不死鳥）
Aloe perfoliata=Aloe mitriformis
Southern Cape Prov.RSA
短い葉を重ねて詰まったロゼットをつくる。葉は本来
グリーンだが、ストレスで赤などに色づく。本種は変
異の幅が広く、そもそも不死鳥は *mitriformis* につけら
れた名であるが、竜山とよばれる *brevifolia* などもあわ
せて現在はペルフォリアタに統合されている。さらに
distans や *comptonii* も含めて同種であるという見解も
ある。

A.perrieri

ペリエリー
Aloe perrieri
South and Central Madagascar
極く細い葉でロゼットを作る無茎の小型種。幅5mmほどの褐色の葉には
斑点模様をもち周縁には細かな鋸歯がある。小さい株でもよく咲いてかわ
いらしい。マダガスカル中央高地が故郷で、少し繊細なところもある。

A.petricola

ペトリコーラ
Aloe petricola
Northern Prov. RSA
スカイブルーの葉を持つほぼ無茎のアロエで、幅、高さ50cmほど
にまで育つ。葉縁には目立つ刺がある。自生地では砂岩の斜面や花
崗岩の露出した岩場を好んで生えており、種小名は"岩にすむもの"
といった意味。

A.pictifolia

ピクチフォリア
Aloe pictifolia
Cape Prov. RSA
細長いむっちりとした葉をもつ小型種で群生する。白い斑点模様の
ある葉は本来ミルキーグリーンだが、しばしばピンクや淡い紫に色
づいて美しい。葉縁には細かい鋸歯がある。葉は上向きにカーブす
ることが多いが、茎立ちしてくると反対に垂れ下がることもある。

A.pirottae

ピロッタエ
Aloe pirottae
Ethiopia, Kenya

エチオピアからケニアまでの広い範囲に分布する種で、葉面には流れるような模様が入り、いわゆる"ソマリエンシス系"と見ることも出来る。この系統は同定が難しく、検索すると様々な顔の植物が出てくる。

A.polyphylla

ポリフィラ
Aloe polyphylla
Maluti Mt. Lesotho

レソト王国を貫くドラケンスバーグ山脈（Drakensberg Mt./Maluti Mt.）の標高2000-3000mの高地にのみ分布する。極く短茎で分頭はせず、100枚以上の葉を重ねてロゼットの径は70cmほどに達する。葉はみずみずしい透明感のある淡いグリーンで、鋸歯を持っている。本種の最大の特徴は大きく育つにつれてロゼットが渦巻き状になることで、渦巻きアロエ（spiral aloe）の名もある。アロエ最美種と讃えられるだけでなく、植物界全体でも有名である。自生地は夏も涼しく冬は積雪もあるが、通年雨量は多い。日本での栽培では水を切らないこと、夏場に根を茹でないことが必要だが、大鉢に植えればどんどん大きく育つ。寒さにはたいへん強い。下の写真は自生地。

A.porphyrostachys

ポルフィロスタキス
Aloe porphyrostachys
Jabal Radhwa Saudi Arabia
灰白色の細めの葉を上向きにつけるので、立ち上がった印象の
ロゼットになる。ほぼ無茎でやがて群生する。サウジアラビア
原産で、紅海の北側にあたるヤンブー（Yanbu）近くが自生域 。
本種とその近縁種はアロエ属としては最も北寄りに分布する。

ポルフィロスタキス・コエネニー
Aloe porphyrostachys ssp.*koenenii* =*Aloe koenenii*
Jordan, Western Saudi Arabia
基本種よりさらに北のヨルダンにも分布する。岩を削った
建築物で有名なペトラ遺跡の近くで岩だらけの斜面に生え
ているという。ポルフィロスタキスの亜種ではなく、独立
種として扱われる場合もある。

A.powysiorum

ポーウィシオルム
Aloe powysiorum
Northern Kenya
枝分かれしながら低木状に育つアロエで、
明るいグリーンの葉はゴム質で屈曲しやす
い。ケニア北部原産で、栽培されている標
本は少ない。

▌A.pulcherrima

プルケリマ
Aloe pulcherrima
Shewa Reg. Ethiopia
淡緑色の葉にはほとんど肉刺（鋸歯）はなく茎立ちして育つ。
大きくなると長い葉は端正なロゼットを形づくる。エチオピア中
北部の標高 2000m 以上の斜面や崖に生えている。

▌A.rauhii

ラウヒー・スノーフレーク
Aloe rauhii cv. 'Snow Flake'
Southern Madagascar
マダガスカル原産の小型種で、三角形の葉を集めた
小さなロゼットをつくり、やがて群生する。葉の上面
には結晶状の白い紋様が入るため、ここからスノーフ
レーク（Snow flake）の愛称も生まれた（写真①）。葉
の模様の美しさから改良された園芸個体が多数あり、
写真②も本種がオリジナルと考えられる園芸植物。

写真①.

写真②

A.rebmannii

レブマニー
Aloe rebmannii
Southeastern Madagascar
マダガスカル原産の小型種。平紐のような柔弱な葉は暗褐色で点線模様のような独特の白斑が散る。密に並ぶ赤い鋸歯が縁取りのように見えて面白い。子吹きして群生する。葉の色彩は個体や環境によって変化し、時にはほぼ黒色になることも。マダガスカルアロエの中でもとくに魅力的な種のひとつ。

A.richaudii

リチャウディ
Aloe richaudii
Northern Madagascar
葉は比較的薄く、周縁に黄色みがかった鋸歯が並ぶ。根元から分枝して小さな群生となる。自生地はマダガスカルの北部で、現在まで一か所しか見つかっていない。

A.roeoeslii

ロエオエスリー
Aloe roeoeslii
Northern Madagascar
マダガスカル産の中型種で、やや細めの葉はゆるやかなアーチを描き優雅なロゼットを作る。葉縁には細かい鋸歯がつく。見どころはパウダーブルーの葉で、うっすらとピンクがかった独特の色彩になる。アガベのようなマーキングが葉面に刻まれる。成長が遅いアロエ。

■ A.rugosifolia

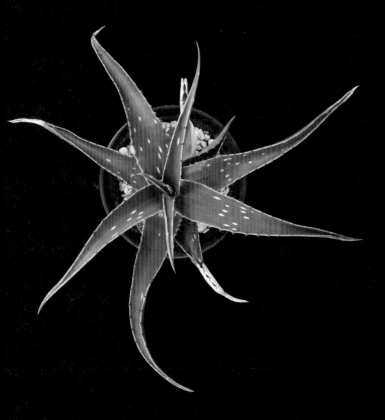

■ A.sakoankenke

サコアンケンケ
Aloe sakoankenke
Northern Madagascar
マダガスカル北部ジョフルヴィル（Joffreville）の岩の多い
斜面地に生える。対岸のジンバブエ産の種、マッサワナの
亜種（*A.massawana* ssp. *sakoankenke*）とする考えもある。

ルゴシフォリア
Aloe rugosifolia
Ethiopia, Kenya
ケニアからエチオピアに分布するほぼ単頭の小中型アロエ。
葉は光線や乾燥で褐色がかることが多く、まばらな白いドッ
トが模様のように浮かび上がって面白い。

■ A.rupestris

ルペストリス
Aloe rupestris
Mozambique,KwaZulu-Natal
古くから知られる種で聖者錦の名もある。通常単幹で
立ち上がり高さ5mくらいに達する大型アロエ。暗緑色
の葉は細長く断面はU字型。周縁には鋸歯がつく。赤
い花は燭台のようで美しく、その形状から "Bottlebrush
Aloe" の名もある。成長も早い種だが、この標本は小さ
めの鉢で成長を抑制したある種の盆栽仕立て。

A.schweinfurthii

A.scobinifolia

シュエインフルシー
Aloe schweinfurthii
widespread in Tropical africa
長く伸びる葉は断面がU字型で周縁には鋸歯がある。
多くは葉面にドット模様を散らす。マリ、スーダンか
らガボン、ガーナ、ニジェール、カメルーン、さらに
コンゴ、ウガンダへと熱帯アフリカの広大な範囲を分
布域とするアロエ。エリアが広いぶん変異幅も大きく、
各地でローカルネームがつけられている。

スコビニフォリア
Aloe scobinifolia
Northern Somalia
小型でほぼ無茎。ソマリアの北側、アデン湾沿いの
ソマリランドが故郷だ。淡緑葉の表面はざらついた
質感で、種小名 *scobinifolia*（ヤスリのような葉）は
そこから来ている。成長のとても遅い稀少アロエ。

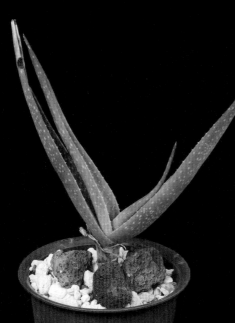

A.sheilae

シェイラエ
Aloe sheilae
Saudi Arabia
サウジ産ののっぺりしたアロエで前出のスコビニフォリアとも
よく似ている。写真の若い個体は葉を互生しドットパターン
を持つが、大株では概ね通常のロゼットになり、無紋である。

133

A.somaliensis

ソマリエンシス
Aloe somaliensis
Somalia, Djibouti

ツヤツヤと光るプラスティックのような肌に、流れるようなドットパターン。アラビア半島からアフリカの角（Horn of Africa）にかけて分布するこうしたアロエを本種以外も含めて「ソマリエンシス系」などと呼ぶ。実際にソマリエンシスとして流通しているものは近縁の別種であることも多いが、識別は難しい。色彩もサイズも栽培環境などで変わるので決定打にならない。さらに園芸交配種も多数存在するので、オリジナルの原種かどうかは、いつ誰が採取した個体なのかがわからないと難しい。本家ソマリエンシスは、ソマリアとジブチの標高 1400〜1700m の石灰岩地に生える。写真は若苗で Petr Pavelka 氏よりタイプ的な植物として入手したもの。

ソマリエンシス　ブラウンフォーム
Aloe somaliensis cv. 'Brown Form'

ソマリエンシス系の園芸種。'Brown form' の名札があるが、絶妙な色彩が素晴らしい個体。おそらく園芸種だが、この色と質感はアロエ以外では楽しめない。

A.peckii

A.striata

ペッキー（糊斑）
Aloe peckii f. *variegata*
Northern Somalia

園芸種と誤解されることがあるが、ペッキーそのものはソマリア北部の Al Madu 山で発見された原種。乳緑色のツヤ肌が独特で、そこにソマリエンシス系らしい紋様が入る。この個体は糊斑が入った園芸選抜個体と考えられる。

ストリアータ斑入り（慈光錦斑入り）
Aloe striata f. *variegata*
Cape Prov. RSA

肉厚な幅広の葉で直径 50cm を超えるゴージャスなロゼットを作る。ほぼ無茎であまり分頭しない。ツヤのある銀緑色の葉には微細な縞模様があり、かつて本種の亜種だったカラスベルゲンシス（*A.karasbergensis*）とは共通点がある。この標本は美麗な縞斑入りで、盆栽気味にコンパクトな作り。これもアロエの楽しみ方のひとつ。

▌A.suffulta

スッフルタ
Aloe suffulta
Malawi, KwaZulu-Natal.
鈍いツヤのある細長い葉を拡げるほぼ無茎のアロエ。ロゼットはクモヒトデのような姿になり、仔吹きして群生する。葉は暗色で流れるような紋様が入る。自生地では低木や藪のなかに生えており、そのため花茎を長く伸ばし、最大で2.5mにもなるという。そこからClimbing-flower Aloe（攀じ登る花のアロエ）の異名がある興味深い種。

▌A.suprafoliata

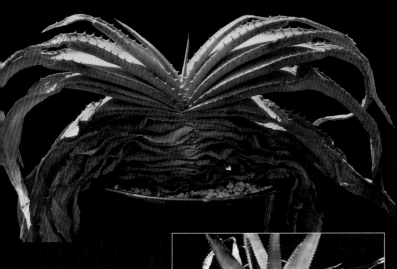

スプラフォリアータ（互生）
Aloe suprafoliata
Mozambique, Mpumalanga,KwaZulu-Natal
鋭い鋸歯で武装したシルバーブルーの葉を扇のように二方向に展開する人気種。こうした葉を互生させる姿は幼苗時（発芽直後）には殆どのアロエで確認できるが、本種はいわば幼形成熟する種と言える。本種も十分に成長すると写真②のようにロゼット状になるが、これはこれでアガベのようで魅力的だ。小さ目の鉢で盆栽づくりすれば長年扇型の姿を楽しめる。また、いちどロゼット展開したものも、根詰まりなどでふたたび元の互生の形に戻ることもあって、興味深い。美しい花もよく咲かせる。

写真② スプラフォリアータ（ロゼット）
Aloe suprafoliata (rosette form)

A.tsitongambarikana

チトンガンバリカーナ
Aloe tsitongambarikana
Madagascar
薄く周縁に鋸歯を配した濃色の葉がロゼット
を形成する。カスティロン氏（J.P.Castillon&J.
B.Castillon）によって2016年に記載されたば
かりの新種アロエ。マダガスカルで発見された。

A.tauri

タウリ
Aloe tauri
Zimbabwe
刺が目立たないのっぺりした長い葉でロゼットを
作る種。無茎または短茎で子吹きして群生になり、
乾燥などのストレスで赤く染まった葉は茹でダコ
のように反り返る。ジンバブエの標高1000mほど
の乾いた岩山に生え、自生地でも赤く染まった株
がみられる。ぬくぬく育てると緑になる。

A.thorncroftii

A.tugenensis

ソーンクロフティ（トルンクロフティ）
Aloe thorncroftii
Mpumalanga RSA
ほぼ無茎のアロエで、幅広の葉にはガステリアを思わせるざらりと
した質感があり、細かくかすれたような模様が入る。一年を通じて
色づきやすく、赤く染まった株はとても魅力的。自生地では比較的
標高の高い斜面地に生えている。

ツゲネンシス
Aloe tugenensis (Aloe archeri ssp.*tugenensis)*
Tugen Hills Central Kenya
くすんだ緑〜褐色の細めの葉をつけ、高さ60cm ほど
に育つアロエ。伸びたあと倒伏することもある。ラブ
ラノス（Lavranos）氏らが1990 年に独立種として記載
したが、いまはアルケリ（*archeri*）の亜種と見做され
る場合もある。

A.vacillans

バシランズ
Aloe vacillans
Southwestern Arabian Peninsula
アラビア半島南西部、イエメンからサウジにかけて
分布するアロエ。灰青緑色の先細りで細長い葉をも
つ。黄色い花のタイプと赤い花のタイプがある。か
つてダレンシス（*A.dhalensis* ※ *dhufarensis* とは異
なる）とされた植物も本種。

137

▊ A.vallaris

バラリス
Aloe vallaris
Serra de Chela Angola
淡い青緑色の細い葉を拡げるアロエで、細い茎で
立ち上がる。葉面には疎らに斑点模様が散る。ア
ンゴラのチェラ山脈（Serra da Chela）が原産地で、
急傾斜の岩場にとりつくように生えている。

▊ A.vanbalenii

バンバレニー
Aloe vanbalenii
KwaZulu-Natal to Eswatini RSA
赤く色づくアロエのなかで最も有名な種のひとつ。
のっぺりと反り返った葉をつけ、高さ60cmほどま
で育つ。真っ赤に染まった姿は、まるで茹であげ
たタコを裏返しにしたようで、大変人気がある。冬
期、水をきって乾燥させることでより鮮やかに色づ
く。種小名は、ヨハネスブルグの元公園局長 J.C.Van
Balen 氏にささげたもの。

▍A.viguieri

ビグイエリ

Aloe viguieri
Southern Madagascar
ダドレアのような白緑色の幅広い葉を
展開する美しいアロエ。茎立ちして
1m ほどになる。ロゼット径は 50cm 近
くになり、やがて葉は下垂する。マダ
ガスカル原産のアロエとしては古くか
ら知られていて、記載は 1927 年。

▍A.werneri

▍A.wanalensis

ワナレンシス

Aloe wanalensis
Mt Elgon Uganda
2011 年に記載されたウガンダ原産の新しい種。
やや細長い柔弱な葉には斑点模様が入る。ウガ
ンダ東部のエルゴン山（Mt Elgon）の尾根で、
崖に垂れ下がるように生えているところを発見
された。種小名はエルゴン山の支脈 Wanale か
らきている。

ウェルネリー

Aloe werneri
Southeastern Madagascar
革ベルトのような比較的薄い葉を持つ小中型種で、ほぼ無茎。
葉は赤みを帯びた緑で周縁には鋸歯が目立つ。あまり子吹
きせず単頭のことが多い。自生地マダガスカルでは海岸沿い
の岩場などに生えており、寒さにはあまり強くない。

▌A.wickensii

ウィッケンシー
Aloe wickensii
Mpumalanga RSA
濃緑の細く硬い葉を上向きに伸ばす印象的なアロエ。
極く短茎だが、50枚以上の葉でロゼットを構成する
こともある。クリプトポダ（*A.cryptopoda*）とは近い
関係にあると考えられる。葉先が枯れやすい。

▌A.wollastonii

ウォラストニー
Aloe wollastonii
East and Central Tropical Africa
灰緑色〜褐色の葉には白い斑紋がバランス良く散る。
やがて立ち上がり1.5mほどまで育つが、あまり分枝
しない。熱帯アフリカのタンザニア、ケニアからウガ
ンダ、コンゴまで分布する。

▌A.woodii

ウッディ
Aloe woodii
Saudi Arabia, Yemen
2000年に記載されたアラビアンアロエで、ブルーグリーンの
肉厚な葉が整ったロゼットを作る小中型種。最大の特徴は花
序が毛に包まれていることで、実物はネコヤナギの花穂のよ
うな独特の花。是非咲かせてみたい。

A.zebrina

セブリナ斑入り

Aloe zebrina f.*variegata*
widespread in Tropical africa

西アフリカのアンゴラやナミビアから東アフリカの
モザンビークまで広範囲に分布しており、個体群
の間の差異も大きい。バウミー（*A.baumii*）やプ
ラティフィラ（*A.platyphylla*）など数多くの異名
がある。ほぼ無茎の中型種で、大きな群生を作る
こともある。特徴は葉面の白い斑紋が帯状になら
んで縞模様（ゼブラ）をつくることで、これが種
小名の由来。葉先が枯れやすいことも特徴。写真
の標本は縞斑の入った美しい株。

こちらはモザンビーク産の
ゼブリナとして入ってきたも
のだが顔つきはだいぶ違う。
別名があるかも知れない。

A.zubb

ズブ（斑入り）

Aloe zubb f.*variegata*
Sudan

ほぼ無茎の小型種で、淡緑色のロゼットを作る。スーダン原産の
アロエで、長くシンカターナ（*A.sinkatana*）と呼ばれてきたが、
2015年にラブラノスが本種を分離した。シンカターナより標高の
高い（海抜1000m前後）の霧のかかる場所に生育していると言う。
この標本は白斑入り。

Aloe × nobilis

不夜城錦

Aloe × nobilis f.*variegata*
widespread in Tropical africa

不夜城の名で古くから栽培されているアロエで、三角形の
葉は際立つ鋸歯を持ち整ったロゼットを形成する。 木立ア
ロエ（*A.arborescens*）とディスタンス（*A.distans*）又はペ
ルフォリアータ（*A.perfoliata*）のハイブリッドが起源とされ
る。写真の株は斑入りで、幹立ちした貫禄ある古株。

A.striatula

ストリアツラ

Aloiampelos striatula
Cape Prov.RSA, Lesotho

高さ2mほどの木立状に育つ種で、キリアリス（*A.ciliaris*）など数種とともにアロエ属からアロイアンペロス属に分離された。"ampelos" は creeper という意味で、この属の数種がつる性の茎を持つことから名付けられた。カルー地方の山岳に分布している。アロエの仲間で最も寒さに強い種で、氷点下10度程度まで耐える。低温多湿にも強く日本での屋外地植えに最も適している。ヤシアロエとも呼ばれる。

Aloestrela / アロエストレラ属

A.suzannae

スザンナエ

Aloestrela suzannae
Ambosary Madagascar

マダガスカル原産の樹木状に育つ大型種で、高さ5mほどまで到達する。細く硬い葉は先端が丸く、金属のような不思議な重量感がある。自生地では絶滅寸前の稀少種で、珍奇植物ブームではアロエの仲間で最も人気を集めるものになった。ただ、成長は遅鈍で栽培下での開花例も僅かしかないため、普及は進んでいない。アロエストレラ属は、2019年に本種ただ一種のためだけに設けられた新属だが、その後の研究では本種は後述のアロイデンドロン属（*Aloidendron*）に含むべきという見解もある。

丈高く樹木状に育ち、ツリーアロエ（Tree Aloe）と呼ばれる仲間で、2013年にアロエ属から分離された。アロエ亜科の分子系統学的な研究が進み、この仲間が、アロエとハオルチア、ガステリアなどが分離するより以前の祖先種の段階で既に分離していたことがわかった。アロエ亜科（*Alooideae*）のなかでは最も古い特徴を残すものと考えられている。本属はディコトマやピランシーなど、景観植物としても極めて著名なものを含むスター集団で、現在異論もあるサバエウム（*A.sabaeum*）を含めれば全部で7種になる。ロゼットを重ねがら幹を伸ばし、分枝し、高さ20mに達する種もある。幹には艶があり、基部は肥大してひび割れることが多い。葉は鋸歯をもつが斑点模様はない。

A.barberae

バルベラエ（バイネシー）

Aloidendron barberae

Cape Prov.RSA, Mozambique

最も背の高くなる種のひとつで、高さ20m近くまで育つ。枝わかれした幹の尖端にあるロゼットは葉が下垂するために遠目にはヤシの木のような姿にもなる。樹皮は灰色がかっており、触るとややザラザラしている。低い木々の林や谷あいの藪などに生えているが、背が高いので埋もれない。かつてはバイネシー（*A.bainesii*）と呼ばれていた。若苗では個性が出にくい種。

A.dichotomum

ディコトマ（ディコトムム）
Aloidendron dichotomum
Namibia, Northern Cape prov.RSA

ナミビアやナマクアランド（Namaqualand）の景観には欠かせない雄大な植物で、100年以上生き、高さ8m以上に達する。艶やかな幹は肥大し、やがてひび割れる。葉は銀色がかった灰緑色で、枝先のロゼットにはしばしば鳥が巣をかける。先住民が本種の幹を矢筒に利用したことからクイバーツリー（Quiver Tree）とも呼ばれている。種小名の"dichotomum"は、成長に伴って茎が繰り返し2つに分岐することを意味するが、栽培では1mを超えるくらいまでは単幹で枝分かれしない。後述のピランシーとは区別が難しいが、本種は鋸歯が黄色みがかっていること、花序が上向きに伸びることがあげられる。本種の中でも地域によってさまざまなタイプがある。栽培では、ヒトが過ごしやすい季節が好きで、寒さには強くない。また過湿では根が傷みやすい。温室内地植えは成長速度が素晴らしいが、やがて天井につかえる。子吹きはほぼせず胴切での発根も難しいので繁殖はもっぱら輸入種子の実生。写真の標本は大柄でピランシーに近い表情を見せる個体。

ディコトマの黄色い花序は上方に伸びる。
横に伸びて垂れ下がるピランシーとの識別ポイント。

ピランシー（左）とディコトマ（右）の比較。ピランシーはタイプの差があまりないが、ディコトマには葉のサイズなど色々な顔がある。ピランシーは鋸葉が白く、ディコトマは黄色みがかる。

Photo Kaoru Sano

自生地のディコトマ若苗。後ろに古木の姿もある。

ディコトマ
Aloidendron dichotomum
Goegap Nature Reserve,RSA

Aloidendron　アロイデンドロン属

A.pillansii

Photo Kaoru Sano

背の高いピランシーやディコトマには鳥たちがしばしば巣をかける

ピランシー
Aloidendron pillansii
Richtersveld RSA, Namibia
原野に立ち尽くす巨人のような植物。高さ15mにも達し Giant quiver-tree と称される。ディコトマに似るが、幹はより太く、枝分かれが少ない。基部はボトル状に肥大する。シルバーブルーの葉は幅広く、鋸歯は透明感のある白。花序はロゼットから垂れ下がる。分布範囲は狭く、冬にわずかな雨が降るリフタスフェルトからナミビア南西部にかけての200平方キロメートルほどに限られていて、岩の多い山の斜面に点々と生えている。自生地では乾燥や過放牧、コレクターの採集などで個体数が減少し、若い個体の生存率も低い。この畏怖すべき巨人が地上から消えることがないように、なにかできることがないのか考えずにはいられない

A.ramosissimum

ラモシシマ（ラモシシマム）
Aloidendron ramosissimum
Richtersveld RSA, Namibia
ディコトマやピランシー同様に、艶のある肌の幹が立ち上がり樹木状となるが、全体に小ぶりで高さは1.5mくらいまで。枝分かれが大変多いのでエダサンゴのような姿になる。ディコトマとは分布範囲が重なっているため中間的な個体もあり、本種をディコトマの亜種とする見方もある。鉢植え栽培でも若いうちからよく分枝するので、盆栽的に仕立てていく楽しみがある。

▌A.aristata

アリスタータ（王妃綾錦）
Aristaloe aristata cv.'Ohi Ayanishiki'
RSA, Lesotho

無茎の小型種で、一見レース系のハオルチアを思わせる姿。近年アロエ属から分離された。"aristata" は「芒状の」といった意味で、葉縁に細かな肉刺をもつ特徴を形容している。分子系統学的には後述のゴニアロエ（*Gonialoe*）属などともに、ハオルチアから分離されたツリスタ属（*Tulista*）などにより近いと考えられている。またガステリア属（*Gasteria*）とも近いため交配種が様々作られており、ガステラロエ（×*Gasteraloe*）と呼ばれるが、王妃綾錦も単なる選抜個体ではなく、ガステリアとの交配という説もある。

▌G.variegata

千代田錦
Gonialoe variegata
Cape Prov.RSA, Namibia

園芸界では古くから親しまれてきた植物。無茎の小型種で、肉厚で折り返したような三角の葉を三列に積み重ねる。濃緑の葉は白く縁どられ、葉面には白い斑紋が印象的なパターンを作る。ゴニアロエ属はアロエ属から近年分離されたもので、前出のアリスタアロエ属に近く、旧ハオルチアのツリスタ（*Tulista*）属とは兄弟のような関係にあたる。育てやすい。

ア ロエ属の他種とは異なるクレードを構成していること が分子系統学的研究で明らかになり、近年、クマラ属として分離された。葉を双方向に展開し扇状の姿に育つのが特徴で、Fan Aloe と呼ばれる。また葉には肉牙鋸歯が一切ない。クマラ属はアロエの仲間のなかではハオルチアとの距離が近いと考えられている。現時点ではハエマン ティフォリア（haemanthifolia）とプリカティリス（plicatilis）の2種だけが属しており、両種とも観賞価値が高く栽培植物としても人気があるが、ハエマンティフォリアは栽培が難しい植物としても知られている。この2種の汁は他の大半のアロエと異なりあまり苦くない。

K. haemanthifolia

春に咲くハエマンティフォリアの花。
授粉するために、花弁の先端部を切開してある。

ハエマンティフォリア
Kumara haemanthifolia
Western Cape Prov. RSA
扇のように二方向に展開する葉には透明感があって、刺はまったくない。葉縁は赤く染まり美しい。茎はほとんどなく、最初単頭だが、やがて子吹きして群生する。その端正な姿と栽培の難しさから、貴品として珍重されてきた。自生地は西ケープ州のテーブルマウンテンで、標高500-1700mの斜面地に生えている。年間降水量が1000-2000mに達する雨と霧の多い場所で、冬に多くの雨が降るフィンボス（Fynbos）の植物。泥炭質の土壌は酸性。山火事もしばしば起こるが、生き残れる岩陰などに多く見られる。名高いわりに栽培困難種として実物を見る機会が少ない種だが、こうした特異な自生環境を意識すれば十分に栽培可能。沙漠植物とは考えず、通気のよい鉢と土を使って通年水を切らずに育てる。冬も凍らせずに十分潅水する。夏は風通しのよい涼しい場所に置き、鉢内が熱くならないようにする。筆者は軽石と鹿沼をまぜた土を使い、白い鉢に植えている。種小名は姿が似ているヒガンバナ科のハエマンサス（*Haemanthus*）から名付けられた。眉刷毛錦の日本語名があるが、あまり使われていない。

ハエマンティフォリア　葉模様
Kumara haemanthifolia
一見斑入りのように見えるが、葉に入る地模様。個体により濃淡あるが、光に透かすと美しいストライプが浮かび上がる。

▮ K.plicatilis

プリカティリス

Kumara plicatilis
Southwestern Cape RSA

ハエマンティフォリアと同様、つるっとした肉刺のない葉を二方向に展開し扇状になるが、本種は幹立ち、分枝して高さ3-5 mに達する。その姿は構築的で観賞価値が高い。自生エリアもハエマンティフォリアと重なるが、こちらは標高150-650mで、より乾燥した環境に生えている。夏は暑く乾燥し、冬期に雨が降る。栽培は難しくないので、時間をかけて盆栽のような面白い枝ぶりに育成するのも楽しい。

Kumara　クマラ属

アロイデンドロン・ラモシシマ自生地
Aloidendron ramosissimum
Goegap Nature Reserve,RSA

Photo Kaoru Sano

ハイブリッドアロエ
Various Aloe hybrid
アロエ・ハイブリッド（交配種）

多様なロゼットフォーム、鮮やかな色彩、個性的な肉刺…
アロエのエキゾチックな魅力をさらに引き出したいと思う
人たちは、ハイブリッドによる育種も楽しんでいる。アロ
エ属は小さなサイズでよく咲き、種間交配が比較的容易な
ので、数多くのデザインされたアロエが誕生していて、際
立った個性の株には園芸名がつけられクローン繁殖で殖
やされている。アガベの育種でも有名な Kelly Griffin 氏や
Karen Zimmerman 氏などの作品は国内でも多くの人が
楽しんでいるし、最近はタイなどアジア発のハイブリッドも
多数リリースされている。交配親はラウヒーやディスコイン
グシーなどが使われることが多く、写真のような小型のも
のが主流だ。いまやこうした交配種だけでも一つの園芸分
野になっている。雑種強勢という言葉の通り、これらのハ
イブリッドは強健で栽培しやすいものも多い。写真のよう
にコンパクトでカラフルなアロエたちをずらっと並べると、
栽培場に通年楽しめるカラフルなスペースが出現する。

レッドドラゴン
Aloe cv. 'Red Dragon'
赤い鋸歯がよく目立つ初期の名品ハイブリッド。

Chapter 3

ソテツ

Cycad
(Cycadaceae/Stangeriaceae/Zamiaceae)

エンケファラルトス・ホリダス
Encephalartos horridus
Eastern Cape Prov., RSA
野生のホリダスにいつか会いに行きたい…
それはすべてのソテツファンの切望に違い
ない。鬼ソテツの聖地・東ケープの丘陵で。

Photo Jeremy Spath

153

CYCAD/ ソテツ　太古の原野を夢見る

ソテツの仲間は地球上で最も古い高等植物で、最初に出現したのはいまから2億5千万年以上まえの古生代ペルム紀と考えられている。その典型的なフォルムは直立する幹と冠状に展開する葉で、造形的には極めてシンプルであり、太古の植物というイメージとともに最大の魅力になっている。ソテツは幹の頂部から葉軸を伸ばし、そこに数多くの羽状の小さな葉（小葉…Leaflets）をつける。また雌雄異株で、被子植物の花と果実にあたるものは球果、あるいはその形状からコーン（Corn）と呼ばれる。ソテツの仲間は、その姿がヤシの木と似ていることから、しばしば○○ palm などと呼ばれるが、被子植物であるヤシ類との類縁性はない。

分類上はイチョウやマツなどと同じ裸子植物に属している。裸子植物とは、種子をつける植物のなかで子房がなく胚珠が露出しているもので、マツボックリを思い浮かべてほしい。さらにソテツはイチョウとならんで鞭毛で泳ぐ精子をつくるという特徴を持ち、裸子植物のなかでも、花や実をつけないシダの仲間により近いプリミティブな存在と考えられている。ソテツ類がもっとも繁栄し、多様性のピークを迎えたのは、恐竜たちが繁栄した中生代ジュラ紀から白亜紀前期で、当時の化石はアラスカやグリーンランド、南極からも見つかっている。この時代、ソテツ類は世界の植物相の20% を占めていたとされる。化石にみられるその姿は、現存するソテツと極めて近く、この植物が2億年あまりの間ほぼ姿を変えずにサバイヴしてきた「生きている化石」であることを物語っている。その後、地球の寒冷化などの環境変化のなか、恐竜たちが滅び哺乳類がとってかわったように、植物界でも花を咲かせる被子植物が多様化の早さで適応範囲をひろげ、ソテツ類など裸子植物は分布域を徐々に狭めていった。現在見ることが出来るソテツは、世界の大陸が今とは異なる配置だった時代から、幾度もの気候変動を生き抜いてきた地球の歴史の生き証人と呼ぶべき存在なのだ。

現存するソテツ類は、3つないし2つの科に分けられ、そのもとに10の属、360種あまりが認められている。分布域は熱帯地域を中心に、特に中南米、アフリカ、オーストラリアなどで多様性を維持している。比較的乾燥した地域の、草原や丘陵、岩の多い斜面などはソテツ類にとって好適なニッチで、多くの種が見られる。たとえば南アフリカ共和国の東ケープ地方はまさにそんなホットスポットで、オニソテツ属（Encephalartos）のきら星のような植物たちが密集している。一方で、中南米の熱帯雨林には、ザミア属（Zamia）を中心に温暖湿潤な林内に適応した多様な種を見ることが出来る。これらは乾燥地のソテツとは姿も大きく異なっている。

ソテツと人間の関わりは古く、現代以前は、分布する多くの地域で幹や果実が含むデンプン質が食料とされてきた。ただ、ソテツ類は植物体や種子にサイカシン（Cycasin）と呼ばれる毒物を含むため、幾度も水で晒すなど、工夫をこらして利用しなければならず、現在では食用利用はほぼなくなった。一方で独特の姿を楽しむ観賞植物としては、温暖な地域を中心に植栽に活用されてきたほか、近年は鉢植え植物としても人気が高まっている。多くの種は比較的丈夫で、さまざまな栽培環境に適応するが、その種の自生環境を念頭に育てることが大切だ。乾燥地域の種の栽培は同じエリアに分布する多肉植物などに準ずればよく、十分な陽光と通風、インターバルのある灌水で順調に育つ。ただし成長はゆっくりだ。エンケファラルトス属など、根が肥大する種が多いが、これは植物のエネルギーの源でもあるため、根詰まりしないよう大鉢でゆったりと植えることが望ましい。大半が凍らない程度の寒さには耐えられるので、暖地ならば水はけよい場所で屋外地植えが楽しめる。一方で熱帯雨林などを故郷とする種は直射日光を避け、安定した温度と湿度が確保された観葉植物などと同様の環境を好む。必要になる最低温度もやや高く、冬期も10度程度は確保したい。
大型になるソテツにも素晴らしいものは多いが、個人宅で本来の魅力を引き出すのはなかなか難しい。自生地を旅できれば最高だが、植物園の立派な標本を見ることも楽しい学びになる。国内では伊豆の熱川バナナワニ園などで素晴らしいコレクションを見ることができる。

ソテツ類の繁殖は種子からのほか、多くは根元から子（suckers）を吹くため、かき取って殖やすことができる。ただ、成長が遅いこともあって、これまで無数の野生植物が自生地から採取されてきた。多くの種は個体数がそもそも少ないため、商業目的の採取や自生地の開発、さらに気候変動などによって今も刻々と個体数を減らし続けている。恐竜時代から数億年を生き続けてきたソテツたちが、この先も生き延びていくことができるかどうかは、私たちヒトの判断と行動に委ねられている。

サイカス・レボルータ（ソテツ）
Cycas revoluta
Yambaru National Park,Okinawa
沖縄や奄美には素晴らしい群落が沢山ある。
日本の素晴らしいソテツにも是非会いに行っ
てほしい。

155

ディオーン・カリファノイ
Dioon califanoi
Oaxaca,Mexico
ソテツの太い幹はサボテン
(*Mammillaria* sp.) にとって居
心地の良い場所になっている
ようだ。

マクロザミア・マクドンネリー
Macrozamia macdonnellii
Northern Territory, Australia
豪州ソテツで最も人気があるブルー
リーフカット、噴水のように吹き上げ
る葉冠が見事な

156

エンケファラルトス・
ダイエリアヌス
Encephalartos dyerianus
Northern Provinces, RSA
ブルーグリーンの葉を茂らす
美しいソテツ。自生地はただ
ひとつの丘しかなく、厳重に
保護されている。

Photo George Mann

Photo George Mann

エンケファラルトス・
トランスベノーサス
Encephalartos transvenosus
Northern Provinces, RSA
背が高く雄大なエンケファ
ラルトスで、高さ 10m を超
えることもある。

エンケファラルトス・ヒーナニー
Encephalartos heenanii
Northern Prov.RSA
大きく上方に湾曲した葉軸は、
カップのような独特の葉冠をつくる。

Photo George Mann

157

Cycadaceae ソテツ科

ソテツ科（Cycadaceae）は、蘇鉄（ニホンソテツ）を含むソテツ属（Cycas）のみからなる科で、現在 117 種が認められている。アジアが分布の中心で、オーストラリア、さらに東アフリカまでの熱帯〜亜熱帯域に幅広く分布するが、アメリカ大陸には存在しない。北限に分布するのが九州・沖縄に生育する蘇鉄である。ソテツ目の他の植物とは石炭期後期からジュラ紀にかけて分離し、今の姿に近いものになったと考えられている。葉は羽状複葉で小葉は細長く尖り中肋（midrib）を持つ。その形状はどれもよく似ていて、エンケファラルトス属やザミア属のような多様性は乏しい。葉の脱落後、基部は茎に残る。属名の由来はラテン語でヤシを意味する kykas（koikas から転じたもの）に由来している。 Cycas を素直にラテン語読みすればキカスになるが、ソテツ類の英語一般名詞 cycad がサイカッドと発音されることもあって、通常サイカスと呼ばれている。

Genus Cycas サイカス属（ソテツ属）

C.angulata
アングラータ

サイカス・アングラータ
Cycas angulata
Northern Territory and Queensland, Australia
オーストラリアに分布するソテツ科のなかで最大に育つ代表的な種で、自生地では巨大な群落をつくる。頑丈な幹を持ち、高さは通常 5m 程度、最大では 10m にも達するが、その姿からしばしばヤシの木と誤解される。乾燥に強く丈夫なソテツだが、日本国内では暖地以外では路地植えには適さない。

C.beddomei
ベッドメイ

C.cairnsiana
カイルンシアナ

サイカス・ベッドメイ
Cycas beddomei
Andhra Pradesh,India

インド原産のソテツで、最大で高さ2m程度。樹冠から20～30枚の葉を展開し、羽状の小葉は細やかで、50～100対あり涼しげな表情をみせる。自生地は暑く乾燥した場所で、低木や藪に覆われた丘陵地に生えている。

カイルンシアナ
Cycas cairnsiana
Newcastle Range,Queensland, Australia

「青いソテツ（Blue cycad）」として人気を集めている豪州産のソテツ。自生地は豪ニューカッスル山脈の標高500m程度の花崗岩の岩場で、個体数は限られている。幹は高さ2-3m程度で、出始めの葉はオレンジがかった毛に覆われるが、固定すると鮮やかなブルーに発色する。丈夫だが成長は遅く、低温では落葉する。日本国内の栽培では不定期に出葉することも多く、成長サイクルがややつかみにくい。葉が出ている時期はたっぷり灌水する。

対になる小葉は細く、葉柄を軸に上方に折りたたんだような独特の姿になるが、新葉では特に顕著だ。

C.clivicola
クリビコラ

サイカス・クリビコラ
Cycas clivicola
krabi Thailand

タイ南部からマレーシアにかけて分布し、高温多湿な密林で石灰岩の露出する崖や岩場などに生育する。そのため "Cliff Cycad"（崖のソテツ）とも呼ばれる。高さ8mくらいまで育ち、明るいグリーンの樹冠がよく目立ち美しい。寒さには弱い。

C.debaoensis
デバオエンシス

サイカス・デバオエンシス
Cycas debaoensis
Guangxi, China

エレガントな葉姿は、ソテツ界屈指の美しさだ。一般的なソテツは1本の葉軸に対になって小葉をつけるが、本種では葉軸がさらに分枝して、それぞれが小葉をつける3回羽状複葉（tripinnate）となる。細く艶のある葉はしなやかで、ソテツというより竹のような見た目だ。一方で幹は極く低く、ときに地中に埋まっているが、そこから伸びる葉柄は3mほどにもなる。中国チワン族自治区に産する稀少種で自生地では絶滅危機にある。栽培するうえでは寒さに強く、低温では落葉するものの、軽く氷点下にさがったくらいでは幹の部分は死なないので、翌春ふたたび出芽する。暖地では地植えにも適する。同じような葉姿のソテツとして、*bifida*、*micholitzii*、*multipinnata* などがあるが、区別はなかなか難しい。

C.panzhihuaensis
パンジファエンシス

C.multipinnata
ムルチピンナータ

サイカス・パンジファエンシス
Cycas panzhihuaensis
South-Central China

高さ2mほど、ヤシの木状に育つソテツで、中国・四川省と雲南省の金沙江流域に分布する。標高 1000-2000m の石灰岩の多い斜面に生えている。お馴染みの日本ソテツにくらべると葉は柔軟でしなやかだ。現存するソテツのなかで最も古くから生きているもののひとつと言われるが、個体数は減少し続けている。寒さには比較的強い。

サイカス・ムルチピンナータ
Cycas multipinnata
South-Central China, Vietnam

前出のデバオエンシスに似ているが、より大型で葉柄は最大で 4m に達する。この長さは裸子植物のなかで随一である。濃緑で艶のある葉はデバオエンシスのように細やかでない。分布地は中国雲南省東部の紅河渓谷とベトナム北部のイエンバイ省で、石灰岩の斜面で樹林の間隙に生育している。写真の個体は 30 年前に雲南から送られたもので、関東地方の屋外に長年地植えされている。初夏に葉を出し、冬期は落葉するが、厳しい寒波の冬も乗り切ってきた。

C.ophiolitica
オフィオリティカ

サイカス・オフィオリティカ
Cycas ophiolitica
Eastern Queensland, Australia

高さ 2m ほどまで育つ小中型のソテツでオーストラリア原産。フラッシュしたばかりの葉は綿毛が多く青白く見えるが、やがて艶のある濃緑色になる。近縁の *C.media* や *C.megacarpa* とはよく似ており、とくに若苗では区別が難しい。丈夫だが成長は遅い。

ソテツ（サイカス・レボルータ / 蘇鉄）
Cycas revoluta
Japan, Taiwan, Southeastern China

ソテツ、といえばそもそもは本種のことを示す。日本に自生する唯一のソテツ類で、九州南部から南西諸島、さらに台湾や中国南西部にも生育しているが、ソテツ類すべてのなかで、もっとも北に分布する種である。頑健な幹は群生、分枝し、最大で高さ8mにも達する。濃緑の葉は艶やかで美しく、耐寒性がきわめて高いこともあって、観賞植物・庭園植物として世界各地で栽培されている。また、有毒だが果実や幹はデンプン質を多く含むため、毒抜きして食用とされてきた歴史もあり、古くから各地に移植されている。このため自然分布域がどこまでなのかは特定が難しいが、台湾や中国の群落は人為的に植えられたもので日本の固有種だという見解もある。栽培については、寒冷地をのぞけば屋外で通年栽培できるし、日本原産のエキゾチックプラントとして、無理させることなく地植えできる。また、葉がわりや斑入りなど園芸的な個体もさまざま楽しまれている。上の写真は奄美大島の自生大群落。

ソテツの雌球果（female cone）。
中にオレンジの種子がのぞいている。

黄金ソテツ（後冴え黄金）
Cycas revoluta cv. 'Ogon'
ソテツには葉色が美しい黄色に染まる「黄金ソテツ」と
呼ばれる園芸種があり、人気がある。もともとは自生地で
みつかった変異個体だった。この個体は緑葉が出て展
開したあとに色彩が黄色く冴えてくる "後冴え" タイプ。

黄金ソテツ（後暗み黄金）
Cycas revoluta cv. 'Ogon'
こちらは同じ「黄金ソテツ」の後暗み
（のちぐらみ）と呼ばれる方で、新葉は
明るい黄色で、それがだんだん深い色
に落ち着いていくタイプ。写真は "暗
んだあと" の葉の色彩だ。

金冠ソテツ
Cycas revoluta cv.'Kinkan'
小葉の先端部のみが黄色く染まる変異
個体。ロゼットが黄金色に縁どられる
ことから金冠ソテツと呼ばれる。黄金
ソテツより入手しやすい。

163

斑入りソテツ

Cycas revoluta f. variegata

こちらは葉全面が黄色くなる黄金ソテツとは異なり、葉の一部に黄色の斑が入るもので、「斑入りソテツ」として珍重される。左写真の個体は新しい葉が出てきたところで、萌葉独特のみずみずしさに色彩がくわわり、一瞬の春を感じさせる。右は展開が終わった完成形。

ソテツ綴化

Cycas revoluta f. cristata

綴化（てっか、せっか）とは、通常「点」である成長点が、「線状（帯状）」に変異することで、特異な姿に成長するもので、自然界でも稀に発生する。ソテツ園芸では、こうした綴化した個体を「マヤーソテツ」と呼んで珍重している。綴化は帯状になった成長面がどのようにうねるかなど、造形には無限の可能性があり、それぞれの個体が唯一無二の鑑賞価値を持つと言える。

C.siamensis
シアメンシス

サイカス・シアメンシス（シャムソテツ）
Cycas siamensis
Indochinese Peninsula

タイ北部を中心にインドシナ半島に広く分布する熱帯産のソテツで、多くは石の多い痩せた土地に生えている。高さ1.5mほどまで育つ幹は基部がボトル状に肥大し、大株ではそれが顕著だ。若い葉は細かな綿毛に包まれている。寒さに対する抵抗力は乏しい。そもそも乾期に落葉する性質があるが、日本での栽培では最低温度10度程度を維持しないと落葉しやすい。鉢植えでの成長速度は大変遅い。

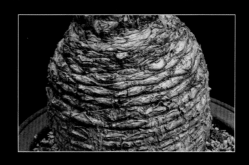

C. 'MT. Morgan'
マウントモーガン

サイカス・タイシルバー
Cycas siamensis "Thai Silver"
Kanjanaburi prov.Thai

前記シアメンシスのうち、白銀色の綿毛が美しい特異なタイプで、タイ西部カンジャナブリ県（Kanjanaburi）の山岳地帯に分布する。自生地では乱獲などで数が大幅に減少している。綿毛の色が黄色いタイプ、赤いタイプもある。寒さには弱い。

サイカス sp・マウントモーガン
Cycas sp. 'Mount Morgan'
Mt.Morgan, Queensland, Australia

オーストラリア・クイーンズランドのマウントモーガンで見出されたソテツ。近しいエリアに生える前出のオフィオリティカ（*C.ophiolitica*）とメガカルパ（*C.megacarpa*）の自然交雑種ではないかと言われる。

Stangeriaceae スタンゲリア科

長くシダと考えられ、シダソテツとも呼ばれる南アフリカ産のスタンゲリア属（*Stangeria*）と、オーストラリア産のボウェニア属（*Bowenia*）の2属からなる。ただ、両者の間の類縁関係は不明確で、ボウエニア属を後述のザミア科に移す考え、また、スタンゲリア科を廃してザミア科に統合する考え方も示されており、今後の研究に委ねられている。ここでは従前の分類に従って、ふたつの属をスタンゲリア科として掲載する。

Genus Bowenia ボウエニア属

B.spectabilis
スペクタビリス

ボウエニア・スペクタビリス
Bowenia spectabilis
Queensland,Australia
ボウエニア属（*Bowenia*）はオーストラリア原産のソテツで2種がある。この属をスタンゲリア科から分離してザミア科に組み込む考え方や、独自の*Boweniaceae*（ボウエニア科）を設ける考え方もある。スペクタビリスは艶やかかでやわらかい葉を持ち、2回羽状複葉となる。自生地では暖かく湿った熱帯雨林や川の近くなどに生えている。ほかの多くのソテツ類のように幹は立ち上がらず、地中にあってときに横走する。栽培ではやや遮光された環境で十分灌水する。冬期低温（最低温度5度以上）になる場合は水を控えれば耐えるが、十分加温して熱帯植物として扱う方が望ましい。

S.eriopus
エリオプス

スタンゲリア・エリオプス（森林フォーム）　スタンゲリア科 Stangeriaceae
Stangeria eriopus (forests form)
19世紀にはじめて見出されたときには誤ってシダと同定されたことから「シダソテツ」とも呼ばれる特異な植物で、ソテツ類の中でももっともプリミティブな特徴を持つ。植物界全体を見渡しても類似の植物はなく、まさに生きる化石のような存在だ。スタンゲリア属はエリオプス1種だけから成る。小型の植物で、ほぼ地中にある幹から、20センチ〜1mの葉柄を伸ばす。葉は羽状複葉。肥大した塊茎の下には塊根が連なる。種小名は、出葉当初に葉柄を覆うビロード状の毛を指す。南アフリカ東海岸に沿って海岸の草原と内陸の森林地帯に分布する。写真のフォレストフォーム（森林型）は、直射光の届かない林床に生えており、葉質が薄くしなやかでよりシダのような風貌を持つ。ちょうど雌花（female cone）をつきあげている。

スタンゲリア・エリオプス（草原フォーム）
Stangeria eriopus (glassland form)
Eastern Capeto KwaZulu-Natal, RSA
こちらはグラスランドフォーム（草原型）と呼ばれるタイプで、頻繁に火災が発生する背の低い草地に生えている。葉柄はよりコンパクトで、葉はクチクラ層が厚く皮革のような硬さをもっており、森林型とはまったく異なる。このタイプの流通は少ない。スタンゲリアは種子からも比較的成長が早いが、塊根の一部を地中に埋めておくと発芽するため、いわゆる根伏せでの繁殖が可能だ。寒さにも比較的強く栽培は難しくないが、屋外地植えには適さない。この写真の株も雌花（female cone）をつけている。雄花（male cone）は細長く先細りの形状で区別は容易。

167

Zamiacea ザミア科

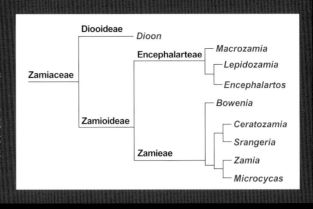

ザミア科はソテツ目のなかで最大のグループで、アフリカ、オーストラリア、南北アメリカの亜熱帯及び熱帯に分布する8属が含まれている。人気のオニソテツ類や、中南米に広く分布するザミア、豪州のマクロザミアなどがあり、栽培植物として人気のあるものも多い。ザミア科の適応放散が本格化したのは白亜紀と考えられており、最近の分子系統学に基づく再整理を図示したが、その中では既出のスタンゲリア科もザミア科のなかに統合されている。今後はこうした理解になっていくものと思われる。

Genus Ceratozamia / ケラトザミア属

ケラトザミア属は新世界のソテツで38種が知られている。メキシコから中米ホンジュラスにかけての山岳地帯で、湿った森林のギャップや斜面に生えている。幹（茎）は地中にあるか、露出するものもあり、あまり大きくはならない。葉は羽状複葉であまり肉厚にならない。いずれの種も分布が非常に限られており絶滅危惧種だ。

C.latifolia
ラティフォリア

ケラトザミア'ラティフォリア'
Ceratozamia aff. *latifolia*
San Luis Potosí, Mexico
ラティフォリアは亜熱帯メキシコの森林で石灰岩地帯に多く見られる中小型種で、幹（塊茎）はほぼ地中にあり、そこから長さ1.5 mほどの葉を展開する。濃緑色の小葉はスマートで出芽時は美しいブロンズに染まることが多い。

C.mexicana
メキシカーナ

ケラトザミア・メキシカーナ
Ceratozamia mexicana
Veracruz Southeastern (gulf) Mexico
メキシコ南西部で、夏の降雨が2000mm程度ある湿った森林に分布する。幹が立ち上がる種で、高さ1m近くに育つこともあり、弓形に反った葉柄に濃緑で艶のある葉をつけ、美しい樹冠を形成する。葉柄には刺があって基部には肉質の托葉を生じる。

ディオーン属はメキシコから中米の北緯15度から29度にかけて分布し、18種が認められている。新世界のソテツとしては大型に育つものが多い。ヤシの木のように育ち、やや肉厚の羽状複葉を展開して、美しい樹冠を形成する。ザミア科のなかでもっとも古く分化した仲間で、かつて新生代初頭には北米の広い範囲に分布していたことが化石の発見で示されている。その後の氷河期に分布域は縮小しメキシコと中米の狭い範囲のみに残された。南北米大陸が分離されていた時代、種子の大きいディオーンは海を越えて分布域を広げることが出来ず、南米にはひろがらなかったと考えられている。現在の自生環境は熱帯雨林から乾燥した岩の多い斜面、渓谷や海岸の砂丘など様々だが、栽培する上では暑さや乾燥に強い頑丈な種が大半だ。陽あたりが良く温度が上がる環境を好むので、サボテンなどとの同居に向いている。

D.edule
エデューレ

ディオオン・エデューレ
Dioon edule
Northeastern (gulf) Mexico

明るいグリーンの細い小葉を密に連ねたロゼットが美しい種で、幹は最大で高さ3mほどに育つ。他のディオーンと異なり、小葉の端に棘がない（若苗には見られるが後に脱落する）。種小名が示すとおり分布地では日本ソテツ同様、デンプン質を得るために種子などを毒抜きをしたうえで食用にされてきた。写真の株は筆者が種子から鉢植えで育成したもので20年ほど経過している。根が自由に伸ばせる温室内の地植えであれば遙かに早く成長したはずだ。

ディオーン・エデューレ・リナレス
Dioon edule 'Linares'
Linares, NuevoLeón, Mexico

Linares（リナレス）はメキシコ・ヌエボレオン州（NuevoLeón）の地名で、本種の分布域では北西端にあたる。おそらくそのエリアの地域タイプとして導入された個体。その後エデューレから分離されたアングスティフォリウム（*D.angustifolium*）である可能性もある。ディオーンはこの株のように若い時から株立ちになることは稀だが、群生するとまた違う魅力を発揮する。

エデューレドワーフ
Dioon edule 'dwarf'

ドワーフ（小型）フォームのエデューレは古くから流通しているが、葉のピッチも細かくより緻密なロゼットが魅力的だ。このタイプは分布域の北西側（Tamaulipas,NuevoLeón）に生えるエデューレの亜種アングスティフォリウム（ssp*angustifolium*）ではないかと考えられるが、最近になって、このアングスティフォリウムは独立種に格上げされている。小型といっても幹は2mほどまで育つ。

D.oaxacensis
オアハカエンシス

ディオーン・オアハカエンシス

Dioon oaxacensis

Oaxaca, Mexico

細く密にならんだ真っ直ぐな小葉はブルーがかっていて美しい。産地名の 'El Camaron' や 'sp.Oaxaca' の愛称で栽培されてきたが、2020 年にオアハカエンシスとして正式に記載された。メロラエ（*D.merolae*）と近い種。自生地は岩だらけの丘で、乾燥した環境に適応したディオーン。

D.spinulosum
スピヌロスム

ディオーン・スピヌロスム

Dioon spinulosum

Oaxaca,Veracruz, Mexico

'Giant dioon' とも呼ばれる新世界ソテツの巨人。この属のなかで最大に育ち、幹径は40cm、高さは 12m にも達する。成長は早くないが長命で1000 年以上生きている個体もあるという。エデューレに比べると葉のピッチは大きく、小葉には顕著な刺がある。自生地は熱帯雨林内の崖や岩場などのギャップで、高温かつ湿潤な環境だが、土壌は貧栄養だ。自生地の破壊と採取で個体数は激減しており、巨大な株はもはや多くは残っていない。栽培では寒さに弱いが頑丈で、鉢植えでも " メキシコの巨人 " の片鱗を垣間見ることが出来る。

　アフリカ固有のソテツで、65種がある。ガーナやナイジェリア、スーダンから、ケニア、タンザニア、南アフリカまで、熱帯・亜熱帯のアフリカ大陸に広く分布している。特に南アフリカ共和国の東ケープ地方は多様性の宝庫で40種ほどが集中している。人気がある"Blue Cycad"＝青い葉を持つソテツもこのエリアの植物だ。属名は en = in、cephale は頭、artos は パン、という意味で、幹の頂部に蓄えられるデンプン質をかつて食用に供していたことが由来だ。素直に読めばエンケファラルトスだが、エンセファラルトス、エンセ、などと呼ばれることも多い。本属の代表種ホリダス（E.horridus）は、すべての観賞植物のなかでも抜群の人気がある。このホリダスのように小葉に突出した刺をもつ種が多いことから、日本ではオニソテツ属と呼ぶ。多くの種は頑丈な幹を持ち、そこから硬く尖った鋸歯や切り込みをもつ葉を羽状に展開する。かつてソテツ類にはソテツ属とザミア属しかなかったが、1834年に植物学者のレーマン氏（Johann Lehmann）がこのグループを分離して、新属エンケファラルトスを設けた（当初は現在のマクロザミア属（Macrozamia）なども含むより広い範囲の種が包含されていた）。

　エンケファラルトスの各種は、ブルーや濃緑などの葉の色彩やいかつい刺、マッシヴなトランクなど観賞価値が高く、鉢植えサイズでも魅力が十分発揮されるため、国内でも愛好家が増えている。栽培では概して強健で、日当たりの良い場所で管理し、生育期には十分な水を与える。それぞれの種の自生環境を想起することが大切だ。耐寒性は比較的強いが、氷結には堪えられないので、暖地以外では通年の屋外栽培は難しい。なので温室内の地植えか鉢栽培になるが、地中の塊根が肥大するため大きめの鉢が必要になる。根を切ると体力が落ち、新しい葉が小さくなることがある。種子を入手して実生育成することも可能だが、多くは根際から子吹きするので、掻きとって繁殖する。

　エンケファラルトスは自生地域で食用などにも利用されてきたが、鑑賞目的の採取や開発などによって個体数が減少し、現在は85％の種が絶滅の危機に瀕している。本属やケラトザミア属の全種はワシントン条約の付属書Ⅰに該当し、野生個体の採取は禁止され、商取引には個体登録が必要だ。野生採取の植物は購入すべきでない。一方で流通するエンケファラルトスの大半は人工繁殖品であり、他のサボテンや多肉植物では除外されている繁殖個体を含めての個体登録義務づけは過剰な規制とも言える。これによって国内繁殖にブレーキがかかればかえって野生個体の採取を加速する恐れがある。栽培していればやがて子を吹くものなので、国内繁殖苗の登録除外か手続きの簡素化が求められる。

E.altensteinii
アルテンステイニー

エンケファラルトス・アルテンステイニー

Encephalartos altensteinii
Eastern Cape Prov. RSA
高さ7mほどまで成長することがある大型のソテツで、しばしば分枝する。濃緑で光沢のある小葉は幅広く硬く、強い刺（鋸歯）がある。ケープ南東部からクワズールナタールの境界付近までの、海岸沿いブッシュや岩の多い丘陵地に生育する。観賞植物として広く栽培されており、イギリスのキュー王立植物園の温室にある個体は、1775年に植えられた世界最古の鉢植え植物と考えられている。性質は丈夫で、高温多湿や軽い霜にも耐える。日本でも暖地なら屋外路地植えが可能だろう。

エンケファラルトス・アレナリウス

Encephalartos arenarius
Eastern Cape Prov. RSA

エンケファラルトスで最も美しい種のひとつで、長く大きく反ったごつい葉軸に幅の広い小葉をつける。小葉はヒイラギの葉のようにギザギザと尖る。幹の高さは2m程度で、時に横臥する。自生地は東ケープ・アレクサンドリア（Alexandria）周辺の海岸沿い砂丘林や草原で、種小名は「砂」を意味している。牧草地をつくるための伐採や、鑑賞目的の盗掘で野生の個体数は減少し、いまや数百個体とも言われる。アレナリウスは通常艶のあるグリーンの葉を持つが、一部のコロニーではホリダスを思わせるブルーの葉を持っている。このコロニーについては別種として扱うべきとの見解もある。栽培下ではそれらの子孫や、近縁種との交雑も含め、青葉から緑葉までさまざまなグラデーションのアレナリウスが存在する。本種はエンケファラルトスのなかでも強健で、軽い霜にも堪えられる。また比較的成長も早い。

エンケファラルトス・アレナリウス・'トゥルーブルー'

Encephalartos arenarius 'True Blue'

'TrueBlue' は、青葉ソテツの最高峰にして最も美しい伝説のソテツだ。そもそも青葉のアレナリウスは野生にも存在する。しかし 'TrueBlue' は、1970年代に著名栽培家が南アのナーセリーで見出した個体にラベリングした商品名が起源だ。通常の青葉アレナリウスは青い萌葉を出すが、'TrueBlue' はグリーンでフラッシュしてブルーに変化するのだという。これはラティフロンスの血が入っているからだという解説をする人もいる。写真の個体は、野生コロニー起源のものとして南アから00年代に導入したもの。'TrueBlue' とラベリングされていた。萌葉はミルキーグリーンで、のちに青くなり、葉軸は太くごつい。その色彩は真のブルーで間違いないが、伝説の 'TrueBlue' かどうかは、定かでない。

E.cycadifolius
サイカディフォリウス

E.eugene-maraisii
ユージンマライシー

エンケファラルトス・サイカディフォリウス
Encephalartos cycadifolius
Eastern Cape Prov. RSA
草原地帯に生えるソテツで、幹の高さ1mほどの小型種だが地中の
塊根は大きく発達する。細い葉を密にならべる端正な植物で、葉
軸はときにねじれる。種小名は「ソテツのような葉」の意味である。
むろんエンケもソテツだが、日本ソテツのような種をイメージして
名付けられたのだろう。ウィンターバーグ山脈 (Winterberg Mt.) の
標高1200〜1800m、岩の多い斜面に分布し、耐寒性も強い。また
自生地はしばしば火災に見舞われるが、その際に葉は焼けても幹は生
き残る。

エンケファラルトス・ユージンマライシー
（ウジェーヌマレシー）
Encephalartos eugene-maraisii
Limpopo Prov., RSA
淡いブルーグリーンの大変美しい葉を持つソテツ。南ア・リンポポ州
のウォーターバーグ山脈（Waterberg Mt.）の標高1500m付近にのみ
分布する。幹の高さ4mほどまで生長するが、ときに幹は倒伏する。
本種はミッデルブルゲンシス（*E.middelburgensis*）、ドロミティクス
（*E.dolomiticus*）などと近縁で、若い苗は識別がなかなか難しい。成
長は極めて遅く、写真の個体も播種から10年以上経過している。種
小名は南アフリカの作家・詩人、そして植物学者でもあったウジェーヌ・
マレにちなんで命名された。

E.ferox
フェロックス

エンケファラルトス・フェロックス
Encephalartos ferox
Mozambique, KwaZulu-Natal.RSA

ホリダスと並ぶオニソテツの代表種で、尖った葉の兇暴さではエンケファラルトスで一二を争う。種小名も「恐ろしい」という意味だ。幹は半地中性で殆ど上へは伸びないが、刺だらけの濃緑の葉をならべた葉軸は2mにも達する。通常単幹であまり子吹きしない。自生地はモザンビークから南ア・ナタール地方で、海岸沿いの砂地や隣接する樹林帯にも生える。刺だらけの葉も観賞価値が高いが、鮮やかなオレンジ色のコーン（球果）も濃緑の葉とのコントラストが美しい。成長旺盛で、筆者はハウス内で地植えしたところ5年ほどで畳2枚くらいの面積に葉を展開して往生した。

E.friderici-guilielmi
フリードリヒ ギリエルミ

エンケファラルトス・フリードリヒ ギリエルミ
Encephalartos friderici-guilielmi
Eastern Cape Prov.,KwaZulu-Natal, RSA

頑丈な幹に細かい小葉を密につけた葉軸を展開する中大型種で、高さ4mほどまで成長する。硬い葉軸は水平気味に展開し、ブルーを帯びた濃緑の小葉はニホンソテツのように細やかだ。岩の多い草原に生育し、しばしば原野火災で焼かれるが、幹と硬い葉軸は焼け残る。野生株では葉のなくなった枯れた葉軸が樹冠の下に残って独特の姿になる。種小名は植物学をサポートしたプロイセンのフリードリヒ王に捧げられたもの。暑さ寒さ、乾燥に強い丈夫なソテツ。

E.ghellinckii
ゲリンキー

エンケファラルトス・ゲリンキー

Encephalartos ghellinckii

Eastern Cape Prov.,KwaZulu-Natal, RSA

オリーブグリーンの細い葉を並べた葉軸はわずかに上方（内側）に
カーブしてカップのような樹冠をつくる。独特の姿でコレクターに
も人気が高い種。中型のソテツで幹の高さは3mほどになる。2
つの型が知られており、ドラケンスバーグ山脈の標高1000m以上
の場所のタイプは高く大きく育つが、東ケープの低地のものはより
小さく幹が倒伏しやすい。種小名はベルギーの研究者 Edward de
Ghellinck de Walle への献名。寒さに強いが成長は遅い。

E.heenanii
ヒーナニー

エンケファラルトス・ヒーナニー

Encephalartos heenanii

Northern Prov.RSA., Eswatini(Swaziland)

ゆるやかに内向きにカーブする葉軸には、羽毛に包まれた肉厚の葉が並ぶ。
高さ3mほどに育つ頑健な幹と、カップのような形の樹冠（157ページ参照）
には重量感があって、ほかのどのエンケファラルトスにもない独特のオーラ
を発する。新葉はとくに多くの羽毛をまとい、ときに黄金色に輝く。スワジ
ランドと南アフリカの国境付近に分布し、標高1500mほどの草原地帯で岩
の多い斜面に生えている。その美しさで乱獲され、野生個体はわずかしか
残されていない。種小名は、この植物を新種として認識したソテツ収集家
のデニス・ヒーナン（Denis Heenan）に敬意を表して名付けられた。ラティ
フロンス（*Elatifrons*）、ヒルストゥス（*E.hirsutus*）と並んで、エンケファラ
ルトスの3大絶品の一角。写真の個体は種子から10年ほど育てたもの。

フラッシュしたばかりの
新葉は綿毛に覆われて
いる。

E.hirsutus
ヒルストゥス

Photo, Sampran Succulent

エンケファラストス・ヒルストゥス
Encephalartos hirsutus
Limpopo Province, RSA

最も美しいソテツといわれる本属最貴品。葉は周縁に鋸歯がなく嫋やかな風貌で、葉面全体にうぶ毛が密生している。種小名も多毛の意味だ。このうぶ毛は他種と異なり葉が成熟しても脱落せず、葉冠は微毛が輝いてブルーやゴールドに見える。高さ3mほどの中型種で、リンポポ州の3カ所しか自生地は知られていない。違法採取などで絶滅寸前となっている。

E.horridus
ホリダス

エンケファラルトス・ホリダス
Encephalartos horridus
Eastern Cape Prov., RSA

いまやソテツと言えばホリダス、というほどの人気種。スカイブルーの葉は幅広でねじれ、ヒイラギの葉のように刺だらけだ。葉軸は大きく反り返って独特のフォルムをつくり、マッシブな幹とあわせて造形の完成度はとても高い。種小名 *horridus* は「刺だらけで恐ろしい」といった意味合いで、重武装した葉を密生するこの種にふさわしい名前だ。もうひとつ人気の秘密はソテツ類のなかではとてもコンパクトなところで、幹の高さは大きくなっても 1m までと鉢栽培にもフィットする。ヒメオニソテツという日本語名を与えられている所以だが、そうはいっても葉を拡げれば 70-80㎝にはなるので、場所をとらないわけではない。故郷は南アフリカの東ケープ州で、ひらけた丘陵地や尾根などの比較的土壌が深い場所に見られる。幹が短くしばしば草や藪に埋もれるように生えている。一年を通じて比較的温暖で年降水量は 500 ミリ程度、降雨期は夏だ。魅力的であるがゆえに山採りされ続けてきたこと、さらに都市開発の圧迫もあって、個体群のいくつかは既に絶滅しており、絶滅危惧植物としてレッドリストに掲載されている。一方で、古くから園芸的に栽培されてきており、多数のナーセリーで人工的に増殖されているため、流通している個体の大半は人工繁殖苗である。種子からも育てられるし、しばしば仔吹きするので、かきとって繁殖することも容易だ。葉のブルーはワックス質で、長く雨に打たれると徐々に落ちて緑葉になる。

エンケファラルトス・ホリダス　赤石氏ドワーフタイプ

Encephalartos horridus 'dwarf'

ホリダスには古くからドワーフフォーム（dwarf form ＝矮性型）が知られている。ポートエリザベス（Port Elizabeth）の北東側のエリアに分布する独立した個体群で、近縁種とのハイブリッドではないと考えられている。全体に小型で、幹の高さは 20cm どまりで葉軸もやや短い。小葉は青みが強く、こちらもやや小さい。小型であるため早熟で、球果や種子も小さく、また子吹きしやすい。以上のように野生株を群として観察すれば明白な違いがあるが、小さいといっても葉長 50cm 近くにはなるし、栽培下では生育ステージや環境で植物のサイズが変わるため識別は難しい。園芸的には魅力的な特徴ばかりなので、ノーマルフォームに比べて人気がある。南アの業者などは様々な説明でこれぞ真正のドワーフと売り出しているが、コーデックス径が握りこぶしに満たないような小苗では真贋判定のしようがない。写真の株は東北の著名コレクター由来の古い輸入株で、ドワーフフォームの標本としてよく知られている個体。葉を拡げた差し渡しで 70cm 程度あるが、全体につまった感じでホリダスらしい魅力的な標本だ。

▌E.inopinus
イノピヌス

エンケファラルトス・イノピヌス
Encephalartos inopinus
Mpumalanga Prov.RSA

幹の高さ 3 mほどに育つ中型のエンケ。ブルーグリーンの羽状小葉は、葉軸に対して付け根側（下向き）に湾曲する独特の形で刺はほぼなく、ほかのエンケと間違えることはない。比較的耐寒性も強くタフな植物だが、成長は特に遅く、鉢植えでは目に見えて大きくならない、という印象を持つ。自生地は渓谷のドロマイト岩の隙間で、半日陰的な環境にも適応する。種小名 inopinus= 予想外は、南アフリカにはもはや新種のソテツはないと考えていたダイアー博士（Dr R.A.Dyer = 1964 年に本種を記載）がはじめて標本を見たときの驚きに由来している。

▌E.latifrons
ラティフロンス

Photo Wonder Plants Japan

エンケファラストス・
ラティフロンス
Encephalartos latifrons
Eastern Cape Prov,RSA

「エンケの王様」と呼ばれる大名品。幅広く艶のあるマッシブな葉は、大きく尖った鋭い鋸歯で武装する。葉軸は外向きにカールし、いかにも"恐竜時代の植物"といった風貌はたまらなく魅力的だ。成長は大変に遅く新葉を出す回数もほかのオニソテツより少ない。自生地では高さ 3 mほどまで成長するが、その個体数は既に100 本足らずしか残っていない。数が減り各個体の距離も離れているため、自然に結実して世代交代が行われることはもはやない。栽培下での繁殖に期待したい。

E.lebomboensis
レボンボエンシス

エンケファラルトス・レボンボエンシス

Encephalartos lebomboensis

Mozambique, KwaZulu-Natal. RSA

オニソテツと言えばホリダスに代表されるブルーリーフが人気だが、本種は世界で最も数多く栽培されているソテツのひとつで、艶やかなグリーンリーフが印象的だ。高さ4mほどになる中大型種で、ときに株立ちになる。種小名はレボンボ山脈で見つかったことに因むが、その個体群をはじめ本種の大半が後にセンティコーサス（*E.senticosus*）として分離されている。現在は南アフリカのムプマランガ州マナンガ（Mananga,Mpumalanga）付近、もうひとつはポンゴラ川渓谷ピート・レティフ（Piet Retief,Pongola River Valley）付近の2つの個体群がレボンボエンシスに該当するとされる。自生地は夏暑く多くの雨が降り、冬は涼しく乾燥している。栽培では性質頑健で成長も早い。軽い霜にも耐える。普及種といえるソテツだが、乱獲と農地開発などで「絶滅危惧種」に指定されている。

179

E.lehmannii
レーマニー

エンケファラルトス・レーマニー
Encephalartos lehmannii
Eastern Cape Prov., RSA

ブルーリーフのゴージャスさは比類なく、ホリダスと並んで高い人気を得ているソテツ。幹の高さ2mくらいまで成長し、しばしば群生する。小葉は披針形で互いに重なり合わず、縁は滑らかで刺はない。葉軸はあまり反り返らず、やや上向きに伸びる。自生地はホリダスと近接してより北東側にある。年間降水量300mm程度の乾燥した地域で、砂岩層土壌を好む。この植物がザミアとして最初に掲載されたのは1833年で、最も古くから知られる南ア産ソテツと考えられている。種小名はエンケファラルトス属を確立したドイツの植物学者レーマン氏（J.G.C.Lehmann）に因む。暑さ寒さ乾燥に強く、鉢栽培にも適している。

E.longifolius
ロンギフォリウス

エンケファラルトス・
ロンギフォリウス
Encephalartos longifolius
Eastern Cape Prov., RSA

高さ4mほどのヤシの木状に育つソテツで、ガッシリした幹に長く外側にカールした葉軸を展開し、特徴的な樹冠を形成する。分枝することは少ない。小葉は深い緑色で、ときにワックス質でブルーに発色する。若い葉は細かい毛で覆われているが、やがて消失する。球果がきわめて巨大であることも特徴。東ケープの海岸沿いの広い範囲に分布しているが、分布域の西端にあたるジュベルティーナ近郊のコーガ山脈（Joubertina,Kouga Mt.）の個体群は特に青くブルーリーフフォームとして知られている。レーマニーの分布域とも重なっており自然交雑種起源ではないかとも言われるが、強く反り返る葉はレーマニーとは明確に異なり、深みのあるブルーで大変魅力的だ。

E.manikensis
マニクエンシス

エンケファラルトス・マニクエンシス
Encephalartos manikensis
Zimbabwe, Mozambique

熱帯アフリカ生まれの艶やかな緑葉ソテツで、幹の高さ2mほどの中小型種。幹は太く葉軸は長い。当初ケニア産のグラーツス（*E.gratus*）の変種として記載された。いま本種とされるものの中にも、特徴が微妙に異なる複数の地域タイプが含まれており、今後分類が見直される可能性もある。高温多湿で、かつ日射の強い環境を好み、成長速度も速い。

E.nubimontanus
ヌビモンタヌス

エンケファラルトス・ヌビモンタヌス
Encephalartos nubimontanus
Limpopo Prov.,RSA

ドラケンスバーグ山脈（Drakensberg Mt.）の "Blue cycad"（青いソテツ）として知られた美しい植物だが、密採集によって野生群落は絶滅した。成長が早い中小型のソテツで、通常単幹で高さ2mほどに育つ。まっすぐな葉軸を長く伸ばし、小葉は青灰色で刺がなく、ねじれが入りやすい。自生地は標高1000mほどの樹林帯のひらけた斜面にある。種小名は「雲」を意味する nubis と「山」を意味する montanus に由来し「雲の山に生える」いった名付けで、想像を掻き立てられる。写真の個体はカキ子から10年ほど育てたもので、鉢栽培ではそれほど旺盛には育たない印象だ。近縁のドロミティクス（*E.Dolomiticus*）やミッデルブルゲンシス（*E.middelburgensis*）などとともに "Eugene-maraisii complex" のメンバーと捉えられている。

E.princeps
プリンケプス

エンケファラルトス・プリンケプス（プリンセプス）
Encephalartos princeps
Eastern Cape Prov., RSA

東ケープに数ある青いソテツではもっとも東よりのやや内陸に分布する種で、銀色がかったブルーの小葉は刺をもたずスマートな樹冠を作る。幹の高さ5mほどに成長し、しばしば立派な株立ちになる。グレートケイ川（great kei river）の流域の標高800mまでに分布し、岩の間の低木地帯やドレライト（dolerite… 玄武岩の一種）の崖に生育している。自生地の年降水量は500mmほどで、夏は暑い。同じ青いソテツのレーマニー（*Elehmannii*）とはよく似ているが、レーマニーは砂岩層に分布するのに対し本種は岩場を好む。ホリダスに飽き足らなくなった人が次にターゲットにする "Blue Cycad" だ。

E.sclavoi
スクラヴォイ

エンケファラルトス・スクラヴォイ
Encephalartos sclavoi
Northeastern Tanzania

高さ1mほどのコンパクトなソテツで、葉は濃緑色でわずかにブルーがかり、マットな光沢がある。小葉にはわずかに刺がありやや幅広い。単幹のことが多いが古株は群生することもある。個体差が大きい種とされる。1989年に記載された比較的新しいソテツで、種小名は発見者のピエール・スクラヴォ（Pierre Sclavo）に因む。自生地はタンザニアで、標高2000m付近の草原の岩場などに生える。写真の株は若い苗で特徴が不鮮明な印象。

E.senticosus
センティコーサス

E.trispinosus
トリスピノーサス

エンケファラルトス・センティコーサス
Encephalartos senticosus
Eswatini,KwaZulu-Natal RSA

幹の高さ4メートルに達する中大型種で、真っ直ぐな
葉軸に、光沢があり鋸歯をもつ濃緑の小葉をつける。か
つてはレボンボエンシス（*E.lebomboensis*）に含まれて
いたが、1996年に南アフリカの植物学者フォルスター
（Pieter Johannes Vorster）が新種として分離した。分
布域はクワズール・ナタール州のジョジニ・ダム（Jozini
Dam）の南から北へエスティワニのシテキ（Siteki.）の
北数キロまでで、レボンボ山脈に沿って点在している。
海抜400-800mの日当たりのよい崖地や斜面に生育して
いる。性質は丈夫で育てやすい。

エンケファラルトス・トリスピノーサス
Encephalartos trispinosus
Eastern Cape Prov., RSA

ホリダスやレーマニーと並ぶ代表的な "Blue Cycad"。幹の高さは1m
ほどとコンパクトだが、しばしば基部から群生する。葉軸は反りかえり、
ブルーグリーンの小葉には刺が目立つ。種小名の trispinosus は、小葉
の3つの鋸歯（刺状の尖った部分）を指す。明るい黄色の球果も特徴
的だ。姿と生態がよく似ていることから、当初ホリダスの変種と考えら
れていたが、1965年に分離された。分布域は東ケープのアレクサンド
リア（Alexandria）の北東側が中心で、グレートフィッシュ渓谷（Great
Fish River valley）などの岩の多い斜面に生育する。育てやすく鉢栽
培にも向いていて、かつて同種とされたホリダスと肩を並べる鑑賞価
値の高いソテツだ。

E.villosus
ヴィローサス

エンケファラルトス・ヴィローサス
Encephalartos villosus
Eastern Cape Prov., Eswatini.

幹のほとんどを地中に埋めるように育つ小型のソテツ。光沢のある
緑の葉を優雅に展開する美しい植物で、幹は立ち上がっても高さ
40cmほどで、しばしば子を吹く。若い葉は白い羽毛で密に覆われ
ていて、それが種小名 villosus（＝毛深い）の由来だ。分布域が広
いため、葉や球果の形状は変異の幅が大きい。丈夫で成長も早いソ
テツで、幹が伸びないので小型種扱いだが、葉の広がりは最大5m
ほどまで育つので、地植えをするときは覚悟が必要だ。

レピドザミア属はオーストラリア原産のソテツで現存するものは2種しかなく、ほかに2種が化石で知られている。属名はLepis（鱗状）という意味で、葉軸が脱落したあとの痕跡が幹に鱗片上に刻まれることに由来する。この幹の存在感と艶のある葉が大変印象的なことから、栽培植物としても広く親しまれていて、熱帯観葉植物の分野でみかけることも多い。両種とも熱帯雨林に適応していて、温暖湿潤な環境を好む。寒さは強くないが、凍らせなければ越冬する。

L.hopei
ホペイ

レピドザミア・ホペイ
Lepidozamia hopei
Northeastern Queensland, Australia

オーストラリアで最大になるソテツで、高さ15m以上、幹径50cmを超える。オーストラリア北東部の熱帯雨林で他の高木と競うように上へと伸びていく。光沢のある葉は美しく、鉢栽培でも幹立ちして観賞価値は高い。後述のペロフスキアナとの区別は写真のような小苗では難しいが、本種の方がやや葉幅が広い。温室内の地植えに適する。

L.peroffskyana
ペロフスキアナ

レピドザミア・ペロフスキアナ
Lepidozamia peroffskyana
Queensland,New South Wales, Australia

前記のホペイとよく似ているが、分布域はやや南寄りで、高さは7mほどと、やや小型。光沢のある細い小葉を長い葉軸に整然と並べる。鉢栽培では成長は遅いが、幹立ちしてくると魅力が倍増する。写真の株は筆者が種子から育成したもので、10年程度経過している。

Genus Macrozamia / マクロザミア属

オーストラリア固有のソテツで、約40種が認められている。高さ8mに達するモーレイ（*M.moorei*）のような典型的なソテツのフォルムを持つ種から、幹が地中に埋まり、林床の下草のようにしか見えない小型種、たとえばコンフェルタ（*M.conferta*）のような種まで、大変バラエティに富んだグループだ。一般に小葉はニホンソテツのように細いものが多い。属名は「大きなザミア」の意味だ。この属の種の多様性が最も高いのはオーストラリア東部、クイーンズランド州南東部とニューサウスウェールズ州で、ノーザンテリトリーのマクドネル山脈や南西部にも数種が分布している。ブルーリーフの人気種など一部を除いてあまり園芸の対象になっていないが、林床の小型種で葉の著しくツイストするものなど、魅力的なものが実はたくさんある。本属の各種は子吹きをしにくいので、繁殖はもっぱら種子からの育成による。現状は情報も苗や種子の流通も少ないので今後の普及に期待したい。

マクロザミア・マクドネリー
Macrozamia macdonnellii
Northern Territory, Australia

オーストラリアの "Blue Cycad" として大変人気がある植物。幹はごく低く通常は高さは1mほどまでで、放射状に上方展開した葉軸はゆったりとカーブし、ブルーグリーンの細かい小葉を並べる。そのフォルムは吹き上げる噴水のような独特のもので、エンケファラルトスなど他属にはない魅力がある。分布域はノーザンテリトリーのマクドネル山脈（MacDonnell Range）で、他のマクロザミアとは隔絶されており、乾燥した内陸砂漠の過酷なニッチに生きている。成長は大変遅く、幹は1年に1cmほどしか育たないと言われる。本種は葉を真っ直ぐ上に伸ばすのが特徴だが、若い苗ではこのようにツイストすることもあるようだ。

M.macdonnellii
マクドネリー

M.riedlei
リードレイ

マクロザミア・リードレイ
Macrozamia riedlei
Western Australia

西オーストラリア州南部の固有種で、通常幹は立ち上がらず、蹲った塊茎から2mほどの高さまで放射状に葉軸を展開する。光沢のある小葉は小さく、やや疎らにつく。その形状からザミアヤシ（Zamia palm）とも呼ばれる。またマクロザミア属のタイプ植物でもある。分布域は広く個体数も多い。栽培上は多少の霜にも耐え、丈夫である。採取や開発の影響を大きく受けている南アのソテツに比べると、オーストラリアにはまだまだ手つかずのソテツ原生地がたくさん残っているようだ。

Genus Zamia / ザミア属

ザミア属はアメリカ合衆国からメキシコ、中米を経て南米に至る広大なエリアに分布するソテツで、約80種がある。ソテツ科全体のなかで最も多様性に富むグループと考えられている。多くは熱帯雨林的な環境に育つが、乾燥した環境を好むものもあって、幅広い環境に適応している。葉には刺がほぼなく、肉厚ではないものが大半で、一見ソテツとは思えないユニークな姿の種も多い。他属の

ソテツに比べると、高温湿潤な栽培環境を好むものが多く、観葉植物的な育成環境がフィットする。成長が早いので種子からの育成も比較的容易だ。ザミアの名は古くは17世紀には記載されており、かつてはエンケファラルトスなど多くの属がザミアに含まれていた。属名については諸説あるが、ソテツの球果に似た松ぼっくりをラテン語で "azaniae" と呼ぶことに由来すると言われる。

Z.encephalartoides
エンケファルトイデス

ザミア・エンケファラルトイデス
Zamia encephalartoides
Northeastern Colombia

ザミアのなかでは珍しく幹立ちしてソテツらしい姿に育つ種。種小名は「エンセファラルトスのようなザミア」を意味する。明るいグリーンの小葉には刺がなく、肉厚でもないが、葉軸は滑らかでザミア属の他種によくあるような刺がない。コロンビアの固有種で、サンタンデール県（Santander）の2か所の産地だけが知られている。高温で乾燥した峡谷の斜面地などに生えている。こうした環境に生える種もザミア属では少数派だ。

Z.erosa
エローサ

ザミア・エローサ（アンブリフィリディアエ）
Zamia erosa(=Z.amblyphyllidia)
Jamaica, Puerto Rico

カリブ海原産の小型種で、地中性の幹から葉軸を伸ばし、やや肉厚の葉をつける。葉の広がりは1.5mほどになる。自生地では草原や松などが茂る森にも生育する。完全な熱帯植物だが、一定程度の耐寒性があって凍らせなければ越冬できる。後述のメキシコソテツとならんで、本属ではひろく栽培されている種。

Z.furfuracea
フルフラケア

ザミア・フルフラケア（メキシコソテツ）
Zamia furfuracea
Southeastern Mexico(Gulf)

ソテツ類すべてのなかでも、ニホンソテツと並んでもっとも広く栽培されている植物だろう。、幹は丈低い塊根上で分頭してショウガのような姿になり30cmほどに育つ。群生するロゼットの径は最大で2m近くになる。コンパクトな葉柄には幅広で肉厚の葉をつける。色は明るい緑で、表面はザラザラして枝豆のようだ。その触感とフォルムから、段ボールヤシ（cardboard palm）と呼ばれることもある。種小名は「鱗状の」を意味する。自生地はメキシコ・ベラクルス州の海岸沿いの砂丘で、貧栄養の暑い場所に生育する。観葉植物として長年親しまれており、美しい斑入り個体などもある。丈夫で育てやすく、直射にも半日陰にも耐え、自生環境からすれば寒さにも強いと言える。

Z.skinneri
スキンネリ

ザミア・スキンネリ
Zamia skinneri
Bocas del Toro,Panama

ザミア属だけでなく全ソテツのなかでも最もインパクトのある植物。最大の特色はヒトの顔がすっぽり隠れるサイズの巨大な葉（小葉）で、大株では長さ50cm、幅15cmにもなる。葉は美しいグリーンで光沢をもち、ストライプ状に畝が入る。幹は立ち上がり高さ2mほどまで育つ。自生地はパナマの沿岸地帯の熱帯雨林で、高温多湿な環境に生えている。筆者も栽培したことがあるが、その見事さには絶句した。栽培では寒さに弱く最低温度15度くらいを保つことが望ましい。なおかつ水分も切らないほうがいい。入手の機会があればぜひ手元で観賞したいソテツだ。

Z.vazquezii
ヴァスクエジー

ザミア・ヴァスクエジー
Zamia vazquezii
Veracruz, Mexico

しなやかな葉を茂らせる美しいシダのようなソテツ。ほぼ地中性の幹は大きくても10cm程度で、しばしば株立ちになる。葉柄は立ち上がり12-20対の薄い小葉をつける。萌葉はシダのようにくるりと巻いており、しばしばブロンズにそまって大変美しい。メキシコ・ベラクルス州の湿った林に生えており、甚だしい直射日光は苦手で、湿った温暖な環境を好む。本種はしばしばザミア・フィスケリ（*Z.fischeri*）と混同され、フィスケリとして栽培される植物の大半は本種である（写真の個体も入手名はフィスケリだった）。フィスケリは葉軸が立ち上がらずに横に広がる。また小葉の数は多くて10対程度と一見して識別が可能だ。種小名は本種を最初に発見したメキシコの植物学者、マリオ・バスケス・トーレス（Mario Vazquez Torres）に因む。野生個体群は森林開発と違法採取で絶滅の危機にある。

謝辞

アガベ、アロエ、そしてソテツ。いずれも広く親しまれながら国内では専門書が少ない分野ですが、今回たくさんの方のご協力と後押しで、一冊の本として出版できる運びとなりました。お力を貸して下さった皆さまに心より御礼申し上げます。図鑑の常として写真を小さくして掲載種数を増やすことが多いのですが、本書では種数優先ではなく、植物の魅力を発揮できる画像サイズにも拘りました。このため写真がありながら泣く泣く掲載を見送った種も多くあります。次世代にはアガベ、アロエ、ソテツ単独の図鑑が刊行されることを期待します。

標本株の撮影では各分野のトップコレクターやプロフェッショナルの皆さんに大変お世話になりました。特に鷲原旅人さんと岸本賢一さんには、撮影に加え種の同定や解説でもご助言戴きました。瀧下拓也さんにはアガベの害虫について寄稿を、浜崎智一さんには三分野の達人として多くの知見を戴きました。カトーエンゲーさん、PenPenGusa さんは栽培場での撮影に快く応じて下さいました。西山洋平さんには素晴らしいアガベの標本を自ら撮影して戴き、アロエの迫力ある自生地写真は画家である佐野馨さんが撮影提供して下さいました。海外ではアガベのエキスパート Hidden Agave の Jeremy Spath さんから、貴重な写真に加えて最大のインスピレーションを受け取りました。このほかご協力戴いた皆さんについて、次のページにお名前を記載させて戴いています。

書籍の制作チームでは、酷暑のハウスで奮闘戴いたカメラマンのサカモトタカシさんと天野憲仁さん、細かい作業を重ねて素敵な本に仕上げてくれた編集の丸山亮平さんとデザイナーの藤城義絵さん、そして日本文芸社の編集担当、牧野貴志さんにも心から御礼申し上げます。いま、多くの皆さんのお力でこの本をお届けできることをとても嬉しく思います。ありがとうございました。

■参考書籍/WEBサイト

さらに知識を広げたい方の参考のために、以下に本書執筆にあたって参考にした主な書籍及びインターネットウェブサイトの一覧を示します。監修者が直接精読したもの以外に、取材 / 監修協力者の推薦図書等も含んでいます。

【AGAVE】
Agave Species Cultivars & Hybrids /Jeremy Spath and Jeff Moore
Agaves:Living Sculptures for Landscapes and Containers /Greg Starr
Agaves of Continental North America / Howard Scott Gentry
A GALLERY OF AGAVES / John Pilbeam
ALOES & AGAVES IN CULTIVATION / Jeff Moore

【ALOE】
Aloes:The Definitive Guide / S Carter, J.J.Lavranos,L.E.Newton, C.C. Walker
Guide to the Aloes of South Africa /B.E. Van Wyk
ALOES IN SOUTHERN AFRICA/ Gideon F. Smith, Braam van Wyk
The Aloes of Arabia / Tom McCoy
THE ALOE OF MADAGASCAR / Jean-Bernard Castillon,Jean-Philippe Castillon
GRASS ALOES IN THE SOUTH AFRICAN VELD / Charles Craib

【CYCAD】
The Cycads / Whitelock,Loran M.
Cycads of the World / David L.Jones
Cycads of Africa / Douglas Goode
Cycad Classification:Concepts and Recommendations
/ Terrence Walters, Roy Osborne

【和書】
多肉植物 アガベ (NHK 趣味の園芸 12 か月栽培ナビ NEO) / 靍岡秀明
決定版　多肉植物図鑑 / 小林 浩
世界の多肉植物 3070 種 / 佐藤 勉
サキュレント（各号）/ 日本多肉植物の会
多肉植物写真集 / 国際多肉植物協会
原色多肉植物写真集 / 日本多肉植物の会

【WEB SITE】
KEW Plants of the World Online
https://powo.science.kew.org/

The plant list
http://www.theplantlist.org/

Missouri Botanical Garden
https://www.missouribotanicalgarden.org/

LLIFLE
http://www.llifle.com/

Hidden Agave
https://hiddenagave.com/

agaveville
https://www.agaveville.org/index.php

Starr Nursery
https://starr-nursery.com

San Marcos Growers
https://www.smgrowers.com/index.asp

PlantZAfrica - SANBI
http://pza.sanbi.org/

The World List of Cycads
https://www.cycadlist.org/

The Cycad Society
http://cycad.org/

Cycad International
https://www.cycadinternational.com.au/

▌撮影・編集協力

(以下50音順・アルファベット順 敬称略)

❖ カトーエンゲー

🄾 @katopin

🖥 https://katoengei.stores.jp/

❖ 岸本賢一（enter the Aloe）

🄾 @enter_the_aloe

❖ 瀧下拓也（ROUKA）

🄾 @rouka.plants

▶ https://www.youtube.com/c/roukaplants

❖ 浜崎智一

🄾 @ykt0712

❖ 鷲原旅人

🄾 @washiharatabito

　 @tabitoagave

❖ PenPenGusa

🄾 @penpengusa8783

▌写真提供

(以下一部のぞき50音順・アルファベット順 敬称略)

❖ 佐野馨

🄾 @sanokaoru

🖥 https://www.kaorusano.com

❖ 西山洋平（ジョニーのアガベ）

🄾 @johnny_no_agave

❖ George Mann

🄾 @theplantfinder

🖥 https://www.plants4sale.co.za/

❖ Jeremy Spath

🄾 @hiddenagave

🖥 https://hiddenagave.com/

❖ Max Cannon

🄾 @planty_magoo

❖ Sampran Succulent

🄾 @sampran_succulent

🖥 https://www.facebook.com/sampransucculent/

❖ Wonder Plants Japan

🄾 @imperial_leaf

🖥 http://wonderplantsjapan.com/

❖ Matthew Maggio

❖ Marie Rzepecky

❖ Obety Baptista

著 者　Shabomaniac!

園芸家・ブロガー。幼少期から 40 年、サボテンと多肉植物を中心に世界の植物に向き合う。栽培困難種の育成法研究や、海外からの新種導入に早くから取り組む。種子からの育成記録と自生地巡りをブログや Instagram で発信している。著書に『シャボテン新図鑑』『珍奇植物〜ハビタットスタイル』『珍奇植物〜ビザールプランツと生きる』(以上日本文芸社刊)、『多肉植物サボテン語辞典』(主婦の友社)。

Shabomaniac!blog　http://shabomaniac.blog13.fc2.com/
instagram　https://www.instagram.com/shabomaniac/

撮　影　天野憲仁
　　　　サカモトタカシ
　　　　Shabomaniac!
デザイン　藤城義絵
編　集　丸山亮平(百日)

アガベ・アロエ・ソテツ　名品図録

2024 年 1 月 1 日　第 1 刷発行
2024 年 10月 1 日　第 4 刷発行

著　者　　　Shabomaniac!
発 行 者　　竹村 響
印刷所・製本所　TOPPANクロレ株式会社
発 行 所　　株式会社日本文芸社
〒 100-0003 東京都千代田区一ツ橋 1-1-1 パレスサイドビル 8F

Printed in Japan 112231220-112240917 Ⓝ 04(080030)
ISBN978-4-537-22141-1
URL https://www.nihonbungeisha.co.jp/
©Shabomaniac! 2024
(編集担当 牧野)

ISBN978-4-537-22141-1
C2076 ¥2000E

9784537221411

定価2200円
（本体2000円＋税10%）

日本文芸社

1922076020005

珍奇美葉植物
Bizarre plants

アガベ・アロ

名品